AF382042

PENDANT HUIT ANS,

JE N'AI RIEN DIT

Édition : BoD – Books on Demand, info@bod.fr.
Impression : BoD – Books on Demand, In de Tarpen 42,
Norderstedt (Allemagne)
Impression à la demande

ISBN : 978-2-3224-7361-8

Dépôt légal : Mai 2023

Floriane F.

PENDANT HUIT ANS,

JE N'AI RIEN DIT

Note sur le présent ouvrage :
Tous les faits rapportés sont vrais et les documents inclus
sont authentiques. Les noms de lieux et de personnes ainsi
que certains détails ont été modifiés ou gommés pour pré-
server l'anonymat des protagonistes.

Après le procès de mon agresseur, je me suis demandé de quelle manière je pourrais apporter mon aide aux victimes. J'ai songé à créer une association, pour permettre à ces personnes de s'exprimer et les aider à se libérer de leur bourreau. Connaissant mon émotivité, et me sachant toujours en reconstruction, mon entourage m'a conseillé de patienter avant de me lancer... Mais il fallait que je tende la main, d'une manière ou d'une autre. J'ai alors choisi de partager mon témoignage, pour donner du courage et de l'espoir à ceux qui traversent des épreuves épouvantables. On peut se sortir d'un drame comme le mien. Ce n'est pas chose facile, mais en s'armant de courage, en y croyant très fort et en s'entourant des bonnes personnes, on finit par renaître et retrouver le sourire.

Donnez-moi la main, que je vous accompagne sur mon long chemin... Mon chemin, c'est le vôtre. À votre tour, vous verrez la lumière au bout du tunnel !

I.

HUIT ANS DE CALVAIRE

Ça a commencé quand j'avais sept ans et demi. Je vivais alors en Italie, mon pays d'origine. Ayant grandi dans un univers violent, ma vie de petite fille n'avait jusque-là pas été très gaie. Mon père battait sa femme, jusqu'au jour où il l'a flanquée à la porte. Ma mère s'est réfugiée chez un homme de son entourage, qui fut en quelque sorte son sauveur et protecteur, et dont elle est tombée assez vite amoureuse. Mes parents ont divorcé, et avec mon grand frère, nous avons rejoint notre mère chez son nouveau compagnon. Mon calvaire a commencé dès que j'ai mis les pieds chez lui.

De mes sept ans et demi à mes onze ans, mon beau-père s'est « contenté » de m'agresser sexuellement. Les viols sont venus après. En primaire, quand je rentrais de l'école pour déjeuner, il m'emmenait, tout sourire, dans la chambre parentale, dans la chambre que je partageais avec mon frère, ou bien dans le salon, selon son envie, en me disant que nous allions jouer ensemble. Le midi, en semaine, nous n'étions que tous les deux dans la maison : nous pouvions

« jouer » en toute tranquillité sans que personne ne vienne interrompre nos loisirs. Le jeu qu'il proposait était toujours le même. Après avoir enlevé ses vêtements et les miens, il s'allongeait sur le lit ou le canapé et me faisait grimper sur lui. Il m'asseyait sur son sexe, et, en me tenant les fesses, il me faisait bouger dans un mouvement de va-et-vient. Ce jeu, auquel je me suis adonnée chaque midi pendant plusieurs années, il l'avait baptisé de ce doux nom innocent : « jeu de la balançoire ». Au fil des ans, les règles du jeu ont évolué. Il s'est amusé à mettre son sexe dans ma bouche, et m'a demandé de frotter son pénis contre mon corps.

Cet homme était censé être mon protecteur et je n'avais pas dix ans. Comment pouvais-je imaginer qu'il me faisait, qu'il me voulait, du mal ? Comment pouvais-je imaginer que la situation n'était pas normale ? que les petites filles de mon âge ne faisaient pas de fellation à leur papa ? qu'elles n'avaient même jamais aperçu le pénis de leur papa ? Je n'avais pas de point de comparaison, alors je ne me posais aucune question ! Et puis mon beau-père nous menait la vie dure à mon grand frère et à moi. Strict, peu tolérant, il ne me laissait pas souvent sortir jouer avec mes petites copines de classe. En dehors de l'école, j'avais peu de contacts, ce qui ne facilitait pas ma prise de conscience.

En 2008, nous avons quitté l'Italie pour nous rapprocher de la famille de ma mère, qui vivait dans le sud de la France. À notre arrivée, nous nous sommes installés chez mes grands-parents, qui nous ont hébergés pendant un an environ. Ma mère s'est fait embaucher comme agent d'entretien dans une crèche et a fait des ménages chez des particuliers pour compléter ses maigres revenus. Mon beau-père, qui n'a pas pu faire valoir son diplôme de kinésithérapeute obtenu en Italie, est devenu manutentionnaire avant de trouver un emploi de maçon.

Deux mois environ après notre arrivée, j'ai eu mes règles pour la première fois. J'avais onze ans alors. Le jour où j'ai saigné, je suis allée en informer ma mère, et j'ignore ce qui lui a pris, mais elle n'a rien trouvé de mieux que d'annoncer la « grande nouvelle » à table lors d'un repas de famille :

« Ça y est, Floriane est une femme, elle est réglée ! »

Je suppose que son compagnon a été ravi de l'apprendre, en tout cas, son attitude envers moi a changé du tout au tout. À partir de ce moment-là, il m'a traitée comme une femme et, dès lors, les pénétrations ont commencé.

Je me souviens de la première fois comme si c'était hier. Je venais de rentrer du collège ; j'étais allongée sur mon lit, dans ma chambre à l'étage, en train de faire mes devoirs. Nous étions trois dans la maison ; ma grand-mère était en bas, alitée et malade, et mon beau-père vaquait à je ne sais quoi. À un moment, il est venu me rejoindre. Il a pris soin de fermer la porte derrière lui, porte que j'avais laissée ouverte, et s'est assis à côté de moi sur le lit. Étant donné les « jeux » auxquels il m'avait initiée et s'adonnait systématiquement quand il venait me retrouver dans ma chambre, je ne me faisais pas d'illusions sur ses intentions. Spontanément, j'ai débarrassé mes affaires d'école pour les poser sur mon bureau et j'ai attendu, prête à lui obéir. Il s'est déshabillé, et après avoir éteint la lumière, il m'a couchée en travers du lit. Après avoir dégrafé mon pantalon – ou ma jupe, je ne sais plus, je me rappelle en tout cas qu'il a défait un bouton et baissé une fermeture éclair – il l'a fait glisser le long de mes jambes et s'est ensuite couché sur moi. Il m'a pénétrée avec ses doigts, puis il a fait entrer son sexe à l'intérieur de moi. Je me souviens que ce moment m'a semblé interminable et que j'ai eu très mal. Comme d'habitude, je n'ai rien dit et n'ai pas bougé. Quand il a eu fini, il s'est levé, il est parti sans dire un mot et je suis allée me laver.

Pendant les quatre années qui ont suivi, cet homme a continué à me violer dès qu'il en a eu l'occasion : chez ma grand-mère quand nous habitions chez elle, puis dans la maison voisine que nous avons occupée après sa rénovation ; par la suite, quand mes parents ont acheté une vieille maison à restaurer, il m'appelait pour que je vienne le rejoindre sur le chantier de la maison, où il me violait, puis, quand la maison a été terminée, il venait me retrouver dans ma chambre. Il pouvait aussi me violer dans la voiture quand nous allions au parc ou au supermarché.

Je n'avais aucun répit.

Plus tard, quand la juge d'instruction m'a demandé à quelle fréquence je me faisais violer, j'ai fait le bilan : cinq jours sur sept en moyenne.

Au moment des viols, je ne pensais plus à rien. Je débranchais, en quelque sorte, mon cerveau. Je subissais comme un automate, je laissais mon beau-père me malmener à sa guise, dans les positions de son choix, me disant que moins j'opposerais de résistance, plus vite mon supplice prendrait fin. Cet homme a eu un premier fils de ma mère en 2008. Il a osé me violer dans la chambre où se trouvait le berceau, devant son fils. Je me rappelle avoir tourné les yeux vers mon petit frère. Il était en train de nous regarder. Il ne comprenait pas bien sûr, il n'avait que deux ans, mais je suis persuadée que, d'une manière ou d'une autre, cette image s'est inscrite en lui. J'ai beaucoup pleuré en le voyant nous regarder. Savoir que cet homme infligeait le spectacle de son viol à son fils, mon petit frère que j'aimais plus que tout au monde, était au-dessus de mes forces. J'avais appris, bien malgré moi, à encaisser beaucoup de coups, mais l'idée que lui aussi soit victime de la situation me retournait le cœur.

C'est en cinquième, à l'âge de douze ou treize ans, que j'ai pris conscience que ce que je vivais n'était pas normal. Au collège, j'ai entendu des camarades raconter que les élèves de troisième couchaient de temps en temps entre eux. J'étais très étonnée, car les choses se passaient différemment pour moi. Je n'avais pas de rapport avec des garçons de mon âge, mais avec un homme, le compagnon de ma mère, et nos relations n'étaient pas épisodiques mais quasiment quotidiennes. Du jour où j'ai compris que ma situation n'était pas normale, j'ai déclaré à mon beau-père que je voulais que nos rapports cessent. Comment avais-je pu oser dire une chose pareille, moi qui m'étais toujours montrée si docile et obéissante ? Il a été furieux en m'entendant ! Moi qui n'étais rien d'autre à ses yeux qu'une poupée gonflable, je voulais décider de mon sort ? Inconcevable ! Il s'était mis en tête que j'étais sa chose et il tenait à ce que je le reste ! Dès lors, il a fait tout ce qui était en son pouvoir pour faire de mon quotidien un enfer, m'infligeant, en plus des viols, toutes sortes de sévices. Je suis devenue Cosette… Corvéable à merci, je devais rester enfermée à la maison quand je n'étais pas au collège pour préparer à manger, faire le ménage, m'occuper de la lessive, du repassage, veiller sur mon premier petit frère, puis sur le suivant, né en 2011. Une amie de ma mère m'appelait Cendrillon… Je n'avais pas de vie de jeune fille. Je menais celle d'une femme au foyer soumise à un homme auquel elle avait été mariée de force.

Mon beau-père adorait me manipuler. De temps à autre, il faisait mine de s'intéresser à ce que je pensais. Il venait me trouver, et l'air gentil et taquin, me présentait un petit morceau de papier sur lequel, à la manière d'un écolier, il avait écrit au crayon une question à laquelle je devais répondre par « oui » ou « non ». Sa question était : « Tu veux qu'on arrête ? » Naturellement, je disais oui. Alors, son visage se métamorphosait. Je lisais dans son regard noir son mécontentement, et immédiatement, il me lançait un flot d'insultes et de méchancetés. En revanche, quand je lui obéissais et remplissais sans broncher mon rôle de deuxième épouse, j'étais récompensée. J'avais droit à des cadeaux, oh pas des cadeaux qu'on offre à une enfant, pas des cadeaux qui m'auraient fait plaisir, non… Je recevais en général de la lingerie, qui me rendait plus « femme », plus désirable… J'ai même eu droit à des sous-vêtements, et aux mêmes fleurs que ma mère pour la Saint-Valentin.

De plus en plus, je me rebellais et le repoussais quand il venait me rejoindre, ce qu'il ne tolérait pas. Si je m'étais opposée à lui avant un repas de famille, le soir, à table, il ne se gênait pas pour me dénigrer et m'insulter devant tout le monde, me faisant passer pour une mauvaise fille, répétant que je ne faisais rien à la maison, que j'étais paresseuse, que j'avais un caractère épouvantable, que j'étais une effrontée qui répondait à sa mère, que je traînais avec des garçons et qu'on ne pouvait pas me faire confiance… Je me faisais traiter de traînée, parfois même de « sale pute ». Il me mettait plus bas que terre. J'étais pourtant tout l'opposé du portrait qu'il brossait de moi. Sage, sérieuse, obéissante, même si je lui répondais, je n'avais rien d'une traînée feignante et malpolie ; je m'attelais aux tâches ménagères qu'il m'imposait et m'occupais de mes petits frères comme une seconde maman ; j'étais d'ailleurs un relais indispensable pour ma mère, qui pouvait compter sur moi. Je n'allais pas traîner dehors avec des garçons, de toute façon j'avais rarement le droit de sortir !

Ces insultes et critiques infondées étaient d'autant plus pénibles à entendre que je ne pouvais compter sur personne autour de moi pour prendre ma défense. Mon beau-père maniait l'art de la persuasion avec un talent rare ! Il était si gentil en apparence, si accueillant et si serviable avec la famille, les voisins, toujours prêt à donner un coup de main… et bosseur avec ça ! Comment douter des propos de cet homme sympathique, souriant et chaleureux ? Et puis, cela n'avait pas de sens de critiquer une gamine sage. Pourquoi mentirait-il sur mon comportement ? Comment imaginer que ces insultes étaient une vengeance de sa part, contre sa belle-fille, qui venait de le repousser dans la chambre ? Comment concevoir qu'il me rabaissait pour que, épuisée d'entendre ses reproches, je finisse par céder ? Personne ne se doutait de ce qu'il me faisait subir dans la chambre, alors, pour tous ces gens, la situation se résumait à cela : il était adulte et responsable, j'étais une gamine, c'est lui qui avait raison, point.

Je pense qu'au-delà du désir de me faire du mal pour se venger et me faire plier à ses désirs, ses insultes cachaient un autre mobile, plus retors. À plusieurs reprises, je l'ai menacé de tout révéler à ma mère. Chaque fois, il me rétorquait que si je racontais tout, ma mère me jetterait dehors et, pire, je ferais éclater la famille. Il savait que je tenais énormément à ma maman et à mes frères et que jamais, au grand jamais, je n'aurais voulu qu'ils souffrent de mon comportement. Il me tenait en faisant valoir les conséquences dramatiques que mes révélations entraîneraient. Je vivais sous son emprise depuis tant d'années que je n'étais pas capable de juger librement ses propos : je le croyais ! Alors, longtemps, je me suis tue… Mais je suppose que l'idée de la révélation a fait son chemin dans son esprit… En prononçant le mot « révéler », j'ai instillé un doute, un doute très léger bien entendu, car il était si sûr de lui et de son autorité sur moi qu'il ne pouvait pas m'imaginer passer un jour à l'acte… Tout de même, ce léger doute l'a conduit à repenser son image et la mienne. Je pense qu'il voulait persuader nos proches que j'étais une sale gamine indigne de confiance pour que, au cas où l'affaire éclaterait, personne ne me croie… En l'occurrence, son stratagème a, en partie, fonctionné. Jusqu'à ce jour, alors même que l'affaire a été jugée, qu'il a été reconnu coupable en première instance et en appel, certains restent persuadés que j'ai tout inventé. Mon beau-père a même retourné contre moi mon grand frère, lui qu'il avait pourtant si mal traité adolescent, l'empêchant de partir avec nous en week-end, le cloîtrant à la maison quand nous étions partis en marquant les bouteilles d'alcool pour lui signifier qu'il ne lui faisait pas confiance… Oui, même mon grand frère s'est rallié à sa cause. Notre beau-père le faisait boire pour instaurer entre eux une prétendue relation de complicité, et lui enfonçait dans la tête les pires horreurs sur mon compte…

J'ai commencé à parler, timidement, en 2011, après être restée sept ans sans révéler quoi que ce soit à quiconque. Sept ans, une éternité ! Si je pouvais réécrire mon histoire, bien entendu, je me livrerais plus tôt ! Mais je n'avais pas les armes. Petite, j'étais bien incapable de comprendre que les agressions sexuelles que je subissais n'étaient pas normales, et plus tard, la perspective de faire du mal à mes frères a suffi pour que je continue de ne rien dire à ma famille. En théorie, j'aurais pu me confier à une amie, pour partager ma peine, parce que les bonnes amies, en général, se confient leurs secrets… En pratique, c'était très compliqué car mon beau-père me gardait à l'œil. Les rares fois où je pouvais sortir chez une copine, il m'appelait, me demandant si je pensais à lui, mais il préférait que j'invite mes amies pour pouvoir me surveiller. Je ne pouvais pas m'attarder avec mes copines à la sortie du collège car si je ne rentrais pas à l'heure, j'en prenais pour mon grade… Impossible aussi de me livrer par texto car il confisquait souvent mon téléphone et lisait mes messages. Un jour, alors que j'étais en train d'écrire un SMS assise sur le canapé, il s'est posté derrière moi pour me lire. J'ai caché mon portable pour l'en empêcher, alors il me l'a pris des mains. Furieuse, j'ai crié qu'il n'avait pas le droit de lire mes messages et exigé qu'il me rende mon téléphone. M'entendant crier, ma mère a surgi, et sans même attendre mes explications, elle a jeté mon téléphone contre le mur en me traitant d'hystérique. Il s'est cassé… et toute communication avec l'extérieur a été rompue.

Les choses ont commencé à évoluer après la naissance de mon plus jeune frère. Un jour, j'ai reçu un véritable électrochoc. J'avais seize ans. Il faisait beau, j'étais dehors assise sur le muret devant la maison, et je tenais mon petit frère dans les bras. Je le regardais, béate d'admiration. Je le trouvais magnifique. Je me suis exclamée :

« Comme il est beau ! »

Mon beau-père était assis à côté de moi. Il a dit :

« Si tu veux, je te ferai le même. »

Quel choc ! Quelle horreur ! Me faire engrosser par le compagnon de ma mère, quelle idée insoutenable !

Tout a explosé dans ma tête à partir de ce jour-là, je n'ai plus été la même, j'ai haï cet homme de toute mon âme. J'ai hurlé :

« Non ! Je ne veux pas avoir un enfant de toi, je veux que tu arrêtes ! Tu me dégoûtes ! Comment peux-tu dire des choses pareilles devant l'enfant que tu as eu avec ma mère ?! Je suis une jeune fille de seize ans, la fille de ta femme ! NON ! NON ! NON ! »

Toutes mes vannes intérieures ont éclaté, je ne pouvais plus encaisser, j'étais parvenue à la limite de ce qu'il m'était possible de supporter. À partir de ce jour, je me suis mise à fuguer, je n'ai plus voulu loger sous le même toit que cet homme ignoble, il me fallait fuir, fuir, fuir ! Tout à coup, ma situation m'est apparue dans toute son injustice. J'ai compris que je vivais un calvaire à cause d'un personnage infâme, qui me tenait enfermée dans sa geôle dégoûtante, j'avais assez subi, maintenant, je voulais qu'on me rende ma liberté et ma vie de jeune fille !

Peu de temps après, alors que je venais, une fois de plus, de m'échapper, mon grand frère est parti à ma recherche et m'a ramenée à la maison. J'étais encore très en colère en rentrant, et j'ai lancé à ma mère, en pointant du doigt mon beau-père :

« Si tu savais ce qu'il me fait, tu serais partie depuis longtemps ! »

Je n'avais pas tout dit, mais au moins, j'avais effleuré le sujet. Comme ma mère devait partir travailler, je n'ai pas approfondi, et j'ai filé dans ma chambre. Mon beau-père est venu s'asseoir sur mon lit. J'étais tétanisée. J'avais beau commencer à me révolter, une partie de moi restait apeurée en sa présence. Il m'a fait son sermon habituel : qu'est-ce que j'espérais à me comporter ainsi ? Si je parlais, ma mère le mettrait sans doute dehors, mais moi aussi je serais à la rue ! Et mes petits frères ? est-ce que j'avais pensé à mes petits frères ? Sans trop de mal, mon beau-père a réussi à me remettre dans le « droit chemin ». À son retour, ma mère m'a demandé ce que je voulais lui dire avant qu'elle parte… Il m'avait lavé le cerveau. Je n'ai pas pu parler à ma mère.

À partir de ce moment-là, mon calvaire à la maison a redoublé. Mon beau-père s'est acharné à me tailler la pire des réputations auprès de notre entourage et de tout le voisinage. Il a embobiné tout le monde, allant jusqu'à inventer que je me donnais à plusieurs garçons en même temps et que je me droguais.

Un beau jour, alors que j'avais de nouveau fugué, il m'a attrapée par la manche et m'a traînée par terre sur le trottoir. Je me suis mise à hurler de douleur. Une voisine a ouvert sa porte en entendant mes cris :

« Mais arrête, enfin ! Tu vas la tuer ! »

Est-ce que cette voisine est venue me voir pour me proposer son aide, plus tard ? Non ! Convaincue que j'étais la pire des putains, elle m'a lancé quand elle m'a revue :

« C'est grâce à moi que tu n'es pas morte ! »

Cette dame et sa famille font partie des personnes qui n'ont jamais mis en doute l'innocence de mon bourreau.

Je me sentais au plus mal à cette époque. Il fallait que je parle, mais je ne savais pas vers qui me tourner.

Plus tard, vers la fin du mois d'octobre 2012, alors que j'étais interne dans une école de coiffure, située à une centaine de kilomètres de chez moi, je me suis décidée à révéler les faits à mon petit ami d'alors. Dans un SMS, assez bref, je lui ai dit que mon beau-père me violait depuis sept ans. Je lui ai reparlé des faits quand nous nous sommes revus. Il en a informé sa mère, qui m'a proposé de m'accompagner chez les gendarmes pour porter plainte. J'avais besoin de parler, il fallait que ma vie change, mais je ne voulais pas ébruiter mon histoire, je culpabilisais beaucoup pour mes petits frères, et songeais par ailleurs que si une personne devait m'accompagner à la gendarmerie, c'était ma mère. J'ai également révélé les viols à une copine, qui m'a donné, de la part de son père, le numéro d'Enfance en danger. J'ai attendu un peu avant d'appeler l'association. Quelle déconvenue… On ne m'a pas prise au sérieux ! J'ai déclaré que j'avais besoin d'aide, que je m'étais fait violer, la personne que j'ai eue en ligne m'a dit que l'association me recontacterait, mais elle n'a jamais donné suite. Au moins, plus tard, les gendarmes ont pu retrouver la trace de l'appel, qui est venue accréditer mon témoignage.

Puis, un jour, mon petit ami m'a conseillé d'en parler à ma mère. C'était, il me semble, après un rapport intime, où, une fois de plus, j'avais été bloquée car l'acte me rappelait les viols subis.

Un dimanche soir, alors que je préparais ma valise avant de repartir à l'internat, j'ai décidé de me lancer et de parler à ma mère. Il m'était plus facile de lui révéler la vérité à ce moment-là, car je savais qu'elle en informerait mon bourreau, or, je ne voulais pas être témoin de sa réaction. Ce soir-là, j'ai tout lâché, j'ai raconté les viols, qui duraient depuis des années, j'ai dit que je n'en pouvais plus, qu'il fallait que ça s'arrête, que je ne pouvais pas continuer dans ces conditions.

Comme moi, ma mère était sous l'emprise de cet homme, et manipulée par lui. Comme moi, elle devait se soumettre à son autorité et avait peu de droits. Elle sortait à peine de la maison, sauf pour se rendre à son travail. Nous n'avions, ni elle, ni moi, l'autorisation de porter des tenues attrayantes et féminines. Mal coiffée, vêtue d'habits informes, ma mère se négligeait, sans doute parce qu'elle était malheureuse, mais aussi, et surtout, parce qu'elle ne devait pas plaire aux autres hommes ; de mon côté, je n'avais pas le droit de me maquiller, de m'épiler, de bien arranger mes cheveux… un comble quand on suit une formation de coiffeuse… Comme moi, ma mère croyait mon beau-père quand il lui disait quelque chose. Ce qu'il racontait sur mon compte était affreux, mais ma mère le croyait ! Pour elle, j'étais une mauvaise fille, une traînée, qui prenait de la drogue…

En toute logique, je n'aurais pas dû m'attendre, après lui avoir rapporté les faits, à une réaction de maman protectrice envers sa fille… Pourtant, c'est ce que j'attendais… J'avais besoin d'entendre des paroles maternelles, réconfortantes et rassurantes. J'avais besoin de la sentir là pour moi.

Ma mère a dit, simplement :

« Qu'est-ce que je dois faire, maintenant ? »

Était-ce à moi de le savoir ?

J'ai répondu :

« Je n'en sais rien. Je voulais juste te le signaler. »

Ne sachant que faire et que dire, elle m'a demandé de tout lui expliquer par écrit. Nos relations étaient pudiques, ma mère avait toujours eu du mal à me témoigner des gestes et des paroles d'affection, et je n'avais pas l'habitude de me confier à elle. Il nous était plus facile de communiquer par écrit. Comme je tenais un journal intime et que j'aimais m'épancher à l'écrit, j'ai accepté sans hésiter sa proposition.

Dès la semaine suivante, à l'internat, j'ai rédigé une longue lettre de quatre pages où j'ai tout détaillé, révélant que les agressions avaient commencé dès notre installation chez cet homme, avec le jeu de la « balançoire », évoquant les attouchements et toutes les pratiques sordides qu'il m'avait imposées.

Je croyais que ma lettre, étayée et précise, ferait l'effet d'un tsunami et que l'ayant lue, à son tour, ma mère se rebifferait contre cet homme abominable. Je pensais déclencher une réaction de sa part, et pour le moins, une émotion.

Mais rien.

Ou si peu.

Après mon départ, elle a demandé à mon beau-père si ce que je venais de lui dire était vrai. Il avait préparé le terrain… Il avait senti que ce jour arriverait. Il a protesté, et dit que je partais à droite, à gauche, que je traînais avec les garçons et que j'avais dit ça pour me venger parce qu'il m'avait disputée.

Quand je suis rentrée le vendredi, ma mère, qui avait entre-temps reçu ma lettre, m'a dit :

« Il veut que nous parlions tous les trois de cette histoire. »

Je savais très bien comment notre petite réunion allait se dérouler. Il a fait, en me lançant un regard noir :

« Il paraît que tu as raconté à ta mère que je te violais depuis des années. C'est un gros mensonge Tu ne vois pas, Floriane, que tu es en train de détruire notre famille ? »

J'ai réaffirmé mes propos :

« Si, c'est vrai ! Et je veux que ça s'arrête ! Je n'ai pas envie d'avoir un enfant de toi ! Je n'ai pas envie que ça continue, j'ai envie de vivre une vie de jeune fille normale ! J'en ai assez que tu me manipules ! »

Il a répété que tout ce que je disais était faux, et m'a enjoint d'avouer que je mentais.

« J'ai toute la nuit. J'attendrai le temps nécessaire, jusqu'à ce que tu avoues que tu as menti. »

Ce moment épouvantable a duré de 21 heures à minuit. Je n'ai pas fait les faux aveux qu'il attendait. De guerre lasse, ma mère m'a laissée monter dans ma chambre.

Ce soir-là, il n'a pas été question de ma lettre. À vrai dire, cette lettre, ma mère ne m'en a jamais reparlé. J'avais cru lâcher une bombe, mais ce n'était qu'un ballon de baudruche aussitôt dégonflé… J'imagine que ma mère était perdue, tiraillée entre l'envie de me croire et de me protéger et la peur que l'affaire éclate au grand jour. Dans les familles italiennes, on n'ébruite pas ce genre d'« histoires ». On garde ça « entre soi ». Ma mère n'était pas prête à affronter les bouleversements que ma révélation entraînerait. Elle n'a pas contesté mes propos, mais elle ne m'a pas accompagnée dans l'éclatement de cette vérité… Elle m'a d'ailleurs demandé, au nom de mes petits frères, de ne pas porter plainte – ce qui a redoublé mon sentiment de culpabilité quand j'ai passé la porte de la gendarmerie.

L'année qui a suivi ma révélation, nous sommes restées dans une sorte de zone grise, indistincte… Ma mère a pris quelques mesures pour me protéger de cet homme, mais c'était si peu, si tiède que je ne voyais aucune issue à mon calvaire. Elle a ainsi jugé bon de me « sortir » de la maison quand elle ne s'y trouvait pas, pour m'éviter de rester seule avec lui. Quand elle partait au travail, je quittais la maison en même temps qu'elle. Elle me donnait deux euros pour que je m'achète à manger, et me laissait dans un jardin public, où je restais seule assise sur un banc pendant plusieurs heures, par tous les temps, en attendant son retour. Quel sentiment d'abandon… Pour me protéger, elle me mettait à la porte de la maison. Quel martyr !

De son côté, lui me traitait comme un chien, m'insultant comme jamais, me jetant de la nourriture à travers la table quand nous mangions… Il m'empêchait de m'occuper de mes petits frères, me privait du seul lien affectif fort qui me restait !

Ma mère, qui connaissait désormais ma situation, ne mouftait pas quand il me martyrisait. Elle m'a tendu une main très molle pendant cette période… Elle a fait deux petits pas encore, en plus de me sortir de la maison. Elle m'a emmenée au planning familial pour me faire passer des examens gynécologiques susceptibles de démontrer que j'avais été violée. Le planning familial n'effectue pas ce genre d'analyses. Elle m'a aussi dit de m'enfermer dans ma chambre. La maison qu'avait construite mon beau-père était tout juste terminée, et une chambre pour moi seule m'était destinée :

« Tous les soirs, m'a-t-elle conseillé, tu fermes la porte et tu t'enfermes à clé. »

Son conseil n'a pas servi à grand-chose. Le week-end suivant, à mon retour de l'internat, elle est venue me chercher à la gare et m'a annoncé qu'il m'avait changé de chambre… Il m'avait installée dans une chambre qui n'avait pas de porte, avec un petit lit dans un coin… Je ne dormais pas très bien d'ordinaire, mais à partir de ce jour-là, je n'ai plus fermé l'œil… Ma mère a placé un grand carton de télévision dans l'embrasure, pour qu'au moins j'entende le bruit du carton s'il entrait…

Plus de porte pour me protéger de lui, et pas de téléphone pour appeler au secours : il m'a confisqué mon portable peu après m'avoir changé de pièce.

Sous les fenêtres de ma chambre, il y avait une voie ferrée. Tous les jours à cette époque, j'ai songé à me jeter sous un train. Je ne pensais plus qu'à me suicider. La mort m'apparaissait comme la seule délivrance possible pour moi. L'attitude de ma mère avait mis un terme à mes espoirs d'une vie meilleure, je me sentais seule, incomprise, délaissée, mal aimée, abandonnée. Je me gavais de cachets et passais mon temps à me cogner la tête contre le mur de désespoir. Je voulais en finir parce que ma mère n'était pas là pour moi.

Et puis, peu à peu, j'ai entrevu une lumière, grâce à des personnes qui ont été mises sur mon chemin au bon moment. Ma sœur, la fille aînée de mon père, qu'il avait eue d'une première union, m'a aidée à me libérer de mes idées noires. Je lui avais confié, un jour où j'étais à bout :

« Je vais me foutre en l'air ! Je vais me jeter sous le train ! Personne ne me croit ! Ma mère, tout ce qu'elle fait, c'est m'emmener au jardin public où traînent tous les SDF, avec rien pour me couvrir et deux euros ! »

Ma sœur a répondu :

« Si tu te suicides, il sera content car il n'aura pas à affronter la justice. L'affaire ne sortira pas. Peut-être même qu'il agressera d'autres personnes. En plus, personne ne saura ce qu'il t'a fait endurer pendant tant d'années, tu vas te suicider sans que personne ne sache pourquoi. »

L'idée qu'il puisse faire d'autres victimes après moi m'a bouleversée. Tout de suite, j'ai pensé à mes petits frères. Il était hors de question qu'il s'en prenne à eux, ou même à d'autres petites filles ! Ce n'était pas possible ! Cette phrase a été un déclencheur, qui m'a donné un regain d'énergie. Soudain, j'ai voulu me battre.

J'ai cessé de rentrer le week-end chez ma mère, pour aller dormir, à droite et à gauche ; je suis restée chez ma sœur et son petit ami pendant un moment, mais mon séjour chez eux ne s'est pas très bien passé ; au bout de quinze jours, ils m'ont fait comprendre que j'étais de trop, en plus ma sœur a voulu me faire croire que ma mère lui avait dit qu'elle préférait me voir morte plutôt que subir cette situation ! Ma mère n'était pas parfaite mais je savais que jamais elle n'aurait pensé une chose pareille… Alors je suis allée dormir chez des amies.

Puis, en avril 2013, j'ai fait la connaissance d'un garçon qui allait bouleverser mon existence, Thomas, mon futur mari. Dès que je l'ai vu, j'ai eu un coup de foudre. Gentil, bienveillant, rieur, il m'apportait la douceur et la légèreté dont j'avais besoin. Petit à petit, nous nous sommes rapprochés, et en août 2013, nous nous sommes mis ensemble, pour ne jamais nous quitter. Ce n'est pas moi qui lui ai révélé ce que j'avais subi, il l'a su par l'amie qui m'avait conseillé d'appeler Enfance en danger. Je lui ai confirmé les faits, mais sans m'étendre car je ne voulais pas susciter sa pitié. Cette « amie » avait voulu le dissuader de se mettre avec moi car j'étais une fille qui traînait des tas de problèmes non réglés...

II.

L'AFFAIRE RÉVÉLÉE :
DE L'ENQUÊTE AU PROCÈS

Grâce à Thomas et à ma meilleure amie, Olivia, chez qui j'ai passé deux mois, pendant lesquels j'ai découvert, enfin, ce qu'était une vraie vie de jeune de seize ans ! j'ai un peu remonté la pente. Je me sentais soutenue. La personne dont j'avais le plus besoin restait cependant toujours aussi fuyante et ambivalente. Ma mère s'accommodait parfaitement de la situation. Me savoir hébergée par d'autres, comme une SDF, ne la dérangeait pas. Au contraire, je n'étais pas à la maison alors, chez elle, il n'y avait plus de remous, plus de dispute, plus de tension. Cela lui convenait très bien, sa petite vie suivait tranquillement son cours… Son indifférence me déchirait le cœur. J'aurais tellement voulu qu'elle vienne me chercher, qu'elle mette dehors cet homme et me reprenne à la maison, avec elle et mes frères !

En novembre 2013, j'ai posé mes valises chez Marie. Sa mère a gentiment accepté de m'héberger, sans me poser de questions… Un jour, je me suis ouverte à mon amie, qui, incapable de garder pour elle mon lourd secret, l'a confié à Juliette, une cousine à elle, plus âgée que nous. Juliette s'inquiétait justement de ma situation. Elle avait vu que je n'allais pas bien. Il faut dire qu'après un été plutôt agréable, j'étais redescendue très bas. Je n'avais plus la force de faire semblant. Tous les soirs, je fondais en larmes. Je fumais des joints pour anesthésier mon cerveau, je me suis mise à la cigarette… Dès qu'elle a su mon histoire, Juliette m'a proposé de venir chez elle. Une après-midi, je suis allée la rejoindre et je lui ai tout déballé. Elle m'a proposé d'aller voir un ami à elle, un gendarme à la retraite, mais j'ai refusé car je tenais à ce que ce soit ma mère qui m'emmène porter plainte. C'était son rôle, j'avais besoin de son soutien à elle ! Juliette ne m'a pas forcée… jusqu'au moment où, lassée de me voir m'enfoncer un peu plus chaque jour, elle a décidé de prendre le taureau par les cornes et de me conduire à la gendarmerie. Je me trouvais avec Thomas et notre groupe d'amis quand Marie m'a annoncé que sa cousine venait me chercher… Quel choc ! Je suis passée par des sentiments très contradictoires, le soulagement d'un côté, la panique et l'angoisse de l'autre… La vérité allait éclater, la procédure serait bientôt déclenchée… Mon histoire intime allait devenir une affaire judiciaire… Où cette affaire me mènerait-elle ?

Je serai éternellement reconnaissante à Juliette d'avoir fait ce pas… Elle m'a été d'un très bon conseil. Avant d'aller chez les gendarmes, elle m'a déposée chez moi en me disant :

« Floriane, tu ne dis rien. Tu ramasses tout ce qui t'appartient car tu ne reviendras plus jamais chez toi. Si on te pose des questions, tu dis que tu prends des affaires parce que tu pars à Perpignan. »

Après avoir rassemblé mes effets personnels, j'ai eu le réflexe de prendre des photos de ma chambre en prévision de l'enquête. Je voulais que les gendarmes voient qu'il n'y avait pas de porte. Je me disais qu'il aurait été assez malin pour en poser une entre-temps pour pouvoir me faire passer pour une menteuse.

Le 18 novembre 2013 restera une date à jamais gravée dans ma mémoire. Il était 18 heures passé ce dimanche quand Juliette a sonné pour moi à l'interphone de la gendarmerie, et annoncé que nous venions pour porter plainte. À l'accueil, les gendarmes ont demandé quel était l'objet de la plainte. Je les ai regardés sans pouvoir répondre. Je n'avais en plus que des hommes devant moi, ce qui ne me rassurait pas beaucoup. Je suis restée muette, incapable de prononcer un mot. Marie et sa cousine m'ont lancé des regards insistants :

« Allez, vas-y, Floriane ! »

Après un temps, j'ai fini par lâcher :

« Je viens porter plainte parce que je me fais violer par le conjoint de ma mère depuis que j'ai huit ans. »

J'ai éclaté en sanglots. Marie et Juliette se sont mises à pleurer à leur tour. Les gendarmes nous ont annoncé qu'ils allaient appeler un collègue de garde pour qu'il prenne ma plainte.

Je n'ai pas eu de chance ce soir-là, car c'est un gendarme très froid qui m'a reçue. Quand, après plus d'une demi-heure d'attente, il est arrivé, en civil, vêtu d'une veste de motard en cuir, il m'a demandé, d'un ton sec :

« Oui, c'est pour quoi ? »

J'ai répété que je venais porter plainte car je me faisais violer depuis mes huit ans. Je lui ai par ailleurs remis la lettre que j'avais écrite à ma mère, et que j'avais récupérée parce que je craignais que mon beau-père tombe dessus. Je lui ai également donné, sur les conseils de Juliette, un peignoir en coton, sur lequel je m'étais essuyée après un viol. Je l'avais planqué au fond d'un tiroir pour éviter que ma mère voie les traces de sperme et se pose mille questions sur mes relations avec les garçons. Ces deux objets ont été saisis et portés à mon dossier, comme pièces à conviction.

Le gendarme m'a conduite dans un bureau à part, sans mon amie ni sa cousine. Pendant plus d'une heure, j'ai décrit ce que j'avais enduré devant un homme qui est resté froid comme la glace. Je me suis sentie très mal à l'aise. À sa demande, j'ai d'abord présenté mon parcours dans les grandes lignes, puis il a fallu que j'en vienne aux faits. J'avais beaucoup de mal à verbaliser les actes que j'avais subis, je tournais un peu autour du pot au départ ; j'évoquais des « agressions sexuelles », sans apporter de précisions… Il a fallu qu'il me bouscule un peu pour que j'entre dans les détails. J'avais beau lui décrire des horreurs, il ne m'a adressé aucun regard, aucune parole pour me rassurer et m'encourager à parler ; j'ai cherché un peu d'empathie dans ses yeux, rien… Ce gendarme s'est par ailleurs permis des libertés dans sa transcription de mes propos qui m'ont agacée. « Mon beau-père » était devenu sous sa plume « mon père ». Je ne pouvais pas laisser passer cette confusion, ce n'est pas mon père qui m'avait violée ! Quand je lui ai fait remarquer qu'il s'était trompé, au moment de la relecture, il s'est énervé :

« Père ou beau-père, c'est pareil ! »

Il a tout de même consenti à corriger ma déposition, avant de rédiger le procès-verbal :

« ENQUÊTE

Le dimanche 18 novembre 2013 à 18 heures 30, Mlle X Floriane, âgée de 16 ans, s'est présentée à nos services en compagnie de Mlle X Marie (16 ans) et de Mme X Juliette (30 ans) afin de nous dénoncer des faits de viol commis par son beau-père M. X (40 ans).

Nous nous isolons dans un bureau de nos services afin de nous entretenir avec Mlle X Floriane, nous sommes assistés du MDL/C X, OPJ de notre unité. Nous précisons à Mlle X Floriane qu'aucun personnel féminin n'est disponible pour prendre sa déclaration et nous lui proposons de nous entretenir librement afin de recueillir les premiers éléments de l'enquête. Cette dernière accepte le principe d'un entretien libre.

Sur la composition de la famille :
Mlle X Floriane est née le xx/xx/xxxx à X, elle demeure au 21 rue X, à X. Mlle X Floriane est scolarisée dans un LEP à X pour des études de coiffeuse, elle est interne, elle regagne le domicile familial durant les week-ends ou les vacances scolaires. La famille est composée de la mère, Mme X, du beau-père M. X, du frère X (20 ans) et des deux demi-frères X (5 ans) et X (1 an et demi). Le père et la mère sont en

couple sous le régime du PACS. M. X est de nationalité italienne et exerce la profession de maçon à la société X sise à X.

Sur les faits dénoncés par Mlle X Floriane :
Mlle X Floriane nous indique que les faits ont commencé lorsqu'elle était âgée de 7 ans et demi, peu de temps après que sa mère s'était mise en couple avec M. X, à l'époque la famille vivait en Italie.
Elle indique que son beau-père a commencé par des attouchements sur les fesses, sur la poitrine et sur les parties génitales, sans pratiquer de pénétration.
En 2008, la famille est venue s'installer en FRANCE à X. Mlle X Floriane déclare que son beau-père a commencé à la pénétrer vaginalement avec son pénis et ses doigts lorsqu'elle a eu ses premières règles vers l'âge de 11 ans. Elle nous indique qu'il l'a également pénétrée analement à une reprise. Les rapports sexuels étaient non protégés, Mlle X Floriane nous indique que son beau-père éjaculait en elle. Il « choisissait » les périodes en dehors de l'ovulation. Elle déclare que celui-ci lui a demandé de le masturber et de lui pratiquer la fellation, ce qu'elle a fait. Elle précise aussi que celui-ci l'embrassait sur la bouche. Les derniers faits remontent au mois d'octobre 2012 quand Mlle X Floriane a informé des faits pour la première fois sa mère.
Mlle X Floriane nous indique qu'elle prend la pilule contraceptive depuis le mois de mai 2011.
Les faits se sont déroulés au domicile de la grand-

mère au 20 rue X à X et au domicile familial, toujours en l'absence de la mère, l'après-midi ou la nuit.

Mlle X Floriane précise que son beau-père l'a fait récemment changer de chambre. Il s'agit d'une chambre ne comportant pas de porte.

Personnes à qui Mlle X Floriane a confessé les faits :
Mlle X Floriane déclare avoir mis au courant sa mère au mois d'octobre 2012, cette dernière ne l'a pas crue, cependant depuis cette confession son beau-père a arrêté de la violer. Pour prévenir sa mère, elle lui avait écrit une lettre, document qu'elle a en sa possession et qu'elle nous a présenté.

Mlle X Floriane déclare avoir parlé des faits aux personnes suivantes :
- M. X Jordan, un ex-petit ami, qui habite à X.
- Mlle X Manon demeurant X et scolarisée au LEP de X.
- Mlle X Marie demeurant X.
- Mme X Juliette demeurant X
- Son frère M. X, qui ne l'a pas crue.

Sur la décision de Mlle X Floriane à venir signaler les faits à nos services ce jour :
Cette dernière nous indique avoir agi sur le conseil de Mme X Juliette, la tante de son amie Marie. Elle a peur de la réaction de sa mère et peur que son beau-père aille en prison par sa faute. Elle paraît préoccupée par le fait que ses deux demi-frères perdent de vue leur père suite à sa dénonciation

des faits.

Mlle X Floriane souhaiterait que son audition soit effectuée par un personnel féminin. Elle nous indique ne pas vouloir être entendue durant cette semaine car elle a un examen. Elle souhaiterait plutôt être entendue à son retour à X. Elle nous précise qu'elle va passer la nuit de ce soir chez son amie Marie. C'est le père de cette dernière qui l'amènera à la gare demain matin.

Elle a déjà récupéré ses affaires chez sa famille.

Sur les objets remis :

Mlle X Floriane nous a remis une lettre où elle dénonce les faits, cette lettre avait été remise à sa mère, puis elle l'a récupérée par la suite.

Elle nous a également remis un peignoir, elle nous précise qu'elle a utilisé ce vêtement pour s'essuyer le sexe suite à un rapport sexuel avec son beau-père. Elle a conservé cet objet durant plusieurs mois sans avoir procédé à son lavage. Elle n'est pas en mesure de nous préciser la date du rapport sexuel en question.

Nous avons procédé à la saisie de ces deux objets après avoir recueilli son assentiment.

Prise de contact avec le magistrat de permanence :

À l'issue de notre entretien avec la jeune fille, nous tenons informé le magistrat de permanence du Parquet de X en la personne de Mme X Stéphanie. Ce magistrat nous a demandé d'entendre la femme

Avant de partir, les gendarmes m'ont dit que je ne devais pas parler de ma plainte à qui que ce soit le temps pour eux de mener l'enquête préliminaire. Personne ne devait être informé de ma démarche, et surtout pas mon beau-père, car il ne fallait pas qu'il ait le temps de préparer son interrogatoire et cacher les preuves éventuelles de ses actes. Les gendarmes m'ont ensuite informée qu'ils allaient me placer en famille d'accueil pendant cet intervalle. La maman de Marie a refusé et a gentiment proposé de m'héberger. Ils nous ont ramenées chez mon amie en voiture, et le lendemain, je suis partie à Perpignan, en train. Pendant quinze jours, je n'ai pu parler ni à ma mère, ni à mon grand frère. Je ne pouvais discuter de la plainte qu'avec mon amie et sa cousine, les seules personnes au courant. Les gendarmes ont auditionné plusieurs de mes amis durant ce laps de temps, ainsi que leurs parents.

Le vendredi suivant mon dépôt de plainte, Thomas m'a invitée chez lui. Ses parents connaissaient ma mère et mon beau-père car les deux hommes travaillaient dans la même entreprise. Ils avaient même dîné tous les quatre ensemble un jour. Pour eux, nous étions une famille très gentille. Quand ils étaient venus chez nous, ils nous avaient vus, mon grand frère et moi, et nous avaient trouvés très bien éduqués car nous nous tenions bien à table et ne l'avions pas quittée avant la fin du repas. Ils ignoraient qu'avant l'arrivée d'invités, nous recevions une bonne leçon : interdiction formelle de dire un mot plus haut que l'autre, d'aller jouer une fois le repas terminé, et j'en passe.

Les parents de Thomas savaient que je ne rentrais plus chez moi. Ils m'ont demandé :

« Floriane, est-ce qu'on peut te demander pourquoi tu ne vas plus chez toi ? »

Je n'ai pas su quoi leur répondre. Je n'avais pas le droit de parler en plus… J'ai regardé Thomas… qui m'a encouragée à parler :

« Vas-y, dis-leur… »

J'ai raconté les viols.

Je me souviendrai toujours de la réaction de la maman de Thomas. Elle a réagi exactement comme j'aurais aimé que ma mère réagisse. Elle a eu un déséquilibre et a failli tomber dans les pommes, puis elle s'est mise à pleurer :

« Mais ce n'est pas possible ! »

J'ai précisé :

« Je ne pouvais pas vous le dire car les gendarmes m'ont demandé de ne pas parler le temps de l'enquête. »

À partir de ce moment-là, les parents de Thomas se sont comportés comme des parents pour moi. Ils m'ont totalement intégrée à leur famille, sans faire de différence entre leurs propres enfants et moi. Ils m'ont aidée, soutenue, entourée, aimée… C'est en grande partie grâce à eux que je suis devenue la jeune femme que je suis actuellement. Je leur dois beaucoup.

J'avais demandé aux gendarmes de ne pas procéder à mon audition la semaine suivant mon dépôt de plainte à cause d'un examen à passer. Ils m'ont convoquée le samedi 24 novembre. Cette fois, c'est une femme très avenante qui m'a accueillie. Elle a branché une petite caméra, m'expliquant que les auditions des mineurs étaient toujours filmées. J'ai appris plus tard que les vidéos avaient permis aux enquêteurs d'évaluer mon degré de sincérité, via l'analyse de mes gestes, réactions et émotions. De toute façon, je me moquais d'être filmée, qu'elle qu'en soit la raison, étant donné que je n'avais que la vérité à dire et absolument rien à cacher.

Cette audition fut très « cash ». La gendarme n'a éludé aucune question. Elle avait beau m'inspirer confiance, ça n'a pas été une partie de plaisir d'étaler une fois de plus mes huit ans de sévices.

— Pouvez-vous nous raconter ce qu'il s'est passé avec votre beau-père ?

— Je revenais de l'école et mon beau-père avait une pause entre 13 heures et 14 heures. Il allait se coucher après manger et il m'avait demandé si je voulais le rejoindre. Ce que j'ai fait. Il me disait quand je venais dans le lit de faire « la balançoire ». Ça a continué quand ma mère n'était pas là. Quand je suis revenue en France, j'ai commencé à avoir mes règles, et il a commencé les pénétrations. Ça a duré jusqu'en octobre 2012. Jusqu'à temps que je le dise à ma mère, alors il a arrêté. Il était très possessif, quand j'avais un copain, il me suivait et il ne me laissait pas sortir. Il fouillait dans mon portable je pense, car une fois il m'a récité un message que j'avais reçu.

— Quand les faits ont-ils commencé, où et quel âge aviez-vous ?

— Vers 2003 ou 2004, j'avais sept ans et demi, c'était en Italie, à côté de X, dans l'appartement de mon beau-père.

— Pouvez-vous nous décrire l'appartement ? Dans quelle pièce vous faisait-il venir ?

— Il y avait une porte d'entrée, à gauche le salon, à droite la cuisine, et à côté de la cuisine une autre porte avec un cellier, puis un couloir avec une salle de bains et toilette, puis ma chambre que je partageais avec mes frères et les fils de mon beau-père, qui venaient pendant les vacances scolaires, et en face de notre chambre, il y avait celle de ma mère et de mon beau-père. Il m'emmenait dans sa chambre, dans la mienne et des fois au salon sur le canapé.

— Pouvez-vous nous expliquer ce qu'est « la balançoire » ?

— Il me mettait sur lui et il faisait une sorte de va-et-vient sans pénétration.

— Faisait-il des gestes particuliers ?

— Il me tenait les fesses et me faisait le mouvement de va-et-vient. En famille il me touchait tout le temps les fesses et ma mère s'est souvent pris la tête avec lui car elle lui disait que j'étais trop grande.

— Vous a-t-il fait des attouchements ?

— Oui. Il me touchait les seins, le vagin, les fesses. Il a commencé à me pénétrer quand nous sommes arrivés en France, à onze ans, quand j'ai eu mes règles.

— Quand vous faisiez « la balançoire », dans quelle tenue étiez-vous ?

— Nous étions nus tous les deux. C'est lui qui m'enlevait mes vêtements.

— Quand vous êtes revenus en France, où les faits se

sont-ils déroulés ?

— Chez ma grand-mère, car notre maison était en construction et nous vivions chez elle en attendant. Elle habite au 20 rue X. C'est la maison du 18 qui était en rénovation. Ça se passait dans mon lit, dans celui de ma mère et mon beau-père quand elle n'était pas là, et quand ma mère était enceinte, c'était dans le garage de ma grand-mère. On a vécu pas mal d'années chez elle. La maison au n° 18, j'y ai vécu trois ans, puis on est revenu chez ma grand-mère environ un an et demi avant d'aller au 21 rue X où ils ont fait construire. À chaque fois les faits se passaient soit dans ma chambre, soit dans la chambre de ma mère et de mon beau-père, soit dans le salon. Deux à trois fois, il m'a demandé de prendre la douche avec lui. Il y avait une fois au n° 18, une fois en Italie, et une fois dans la nouvelle maison.

— Que demandait-il que vous lui fassiez sous la douche ?

— Il voulait me laver ou que je le lave. C'est tout. Quand la maison au n° 21 était en construction, il me demandait de venir pour qu'on fasse ça dans les pièces en construction car ma mère était chez ma grand-mère. Je ne refusais pas car j'avais peur de lui. Il m'avait dit que si je le disais à ma mère, ce n'était pas que lui qu'elle jetterait mais moi aussi. Et si je refusais, il me traitait mal et il me « gueulait » dessus. Un 14 février 2012, ma mère s'est fait opérer de la thyroïde. J'ai dû garder mon petit frère. Il dormait dans la chambre de ma mère et de mon beau-père. Avant que je m'endorme, il m'a rejoint dans le lit. Il voulait dormir avec moi. Je lui ai dit non et il n'a pas insisté et il est parti.

— Quand il vous demandait de coucher avec lui, comment cela se passait-il et comment se passaient les pénétrations ?

— Quand il allait se coucher, à n'importe quel moment de la journée, je savais que si je n'y allais pas il allait me faire une vie impossible. Je le rejoignais dans le lit. Je me déshabillais et je m'allongeais à côté de lui. Il était en caleçon. Il me mettait des doigts, plusieurs dans le vagin, il me touchait les seins. Après il enlevait son caleçon et me demandait de lui faire une fellation. J'en ai fait plusieurs dont certaines fois il a éjaculé dans ma bouche. Il a mis également son sexe dans mon vagin, il était en érection. Il a éjaculé.

— Vous a-t-il demandé de le masturber ?

— Oui.

— A-t-il pratiqué une pénétration anale avec vous ?

— Oui une fois, chez ma grand-mère, dans sa chambre à lui.

— Les rapports étaient-ils protégés ?

— Non. Il faisait attention que je ne tombe pas enceinte. Il calculait les périodes d'ovulation. Même quand j'avais mes règles il me pénétrait, à la fin des règles surtout. Depuis le mois de mai 2012, je prends la pilule. C'est à partir de ce moment-là qu'il a commencé à éjaculer sans s'inquiéter. Avant il calculait. Avant, il ne s'entendait pas avec mon frère mais depuis que je l'ai dit à ma mère, il a retourné mon frère contre moi. J'ai essayé d'en parler avec mon frère par message mais il ne m'a pas cru. Il m'a répondu que si c'était vrai j'étais une « pouffiasse » et si c'était faux, j'étais une hypocrite. Quand j'étais à X, mon beau-père m'emmenait le dimanche matin au parcours santé. Nous étions en voiture. Nous passions le pont, on tournait à gauche puis tout droit puis on tournait à gauche, jusqu'au bout, où il y a un rocher. On le faisait dans la voiture, sur la banquette arrière. Il a éjaculé dans la voiture, dans moi, on s'est essuyé tous les deux avec des mouchoirs. Ils ont été jetés. Ce qui me faisait peur, c'est ce que me disait mon beau-père quand je m'occupais de mon petit frère. Il me disait que plus tard il me ferait le même, le même enfant.

— À qui avez-vous parlé des faits ?

— J'en ai parlé à Marie X, qui en a parlé à sa cousine Juliette X et qui m'a emmenée faire cette démarche. À mon ex-petit ami, Jordan X, qui m'a dit d'en parler à ma mère, à Manon X, qui est à l'école avec moi et à mon frère.

— Vous avez écrit une lettre à votre mère, quelle a été sa réaction ?

— Je n'ai pas vu sa réaction, elle m'a pris la lettre mais elle ne l'a pas lue devant moi. Elle l'a rangée ensuite dans un tiroir. Je ne sais même pas si elle l'a lue. Je pense que ma mère voudrait m'aider mais il est très manipulateur. Quand je lui ai dit que j'allais déposer plainte, elle m'a suppliée de ne pas le faire.

— Quand vous refusiez, quelle était sa réaction ?

— Il me parlait mal, il m'interdisait de sortir, il me prenait mon portable, il m'engueulait pour un rien.

— Est-ce qu'il vous embrassait ?

— Oui, il m'embrassait sur la bouche, que nous fassions l'acte ou pas. Il mettait aussi la langue mais que pendant les rapports.

— Vous faisait-il des cadeaux ?

— Oui. Il m'a offert une culotte violette avec de la dentelle sur les côtés. Il voulait que je mette des strings aussi ainsi qu'une lingerie mais j'ai refusé. Les sous-vêtements, c'était pour se faire plaisir à lui. Il m'a acheté des produits de beauté. Actuellement, quand ma mère fait les courses, elle ne peut rien acheter pour moi car mon beau-père vérifie le ticket de caisse. Elle prend donc des trucs à part et ne va pas faire les courses avec moi. Par exemple, j'avais besoin de chaussures pour le travail, ma mère me les a achetées mais il lui a fait une crise et lui a reproché cet achat. À chaque fois que je rentrais à la maison, le week-end, ma mère et mon beau-père se prenaient la tête à cause de moi. Et ça depuis octobre 2012, quand j'en ai parlé à ma mère et que ça s'est arrêté.

— Votre beau-père vous a-t-il frappée ou menacée ?

— Une fois, à la sortie du collège, j'avais fini les cours à 16 heures et j'attendais mon beau-père qui devait venir me chercher à 17 heures. J'étais derrière le collège, vers le skate parc avec mon copain et mon beau-père nous a vus. Le soir en rentrant à la maison, il m'a engueulée, il m'a pris mon portable. Je suis partie de la maison et il est sorti pour m'attraper, et il m'a traînée par terre. Je criais donc les voisines sont sorties. Je lui disais qu'il me faisait mal. On est rentrés à la maison, il m'a attrapée par les joues et m'a griffée sur la joue gauche. C'est là que j'ai dit à ma mère que si elle savait ce que son copain faisait, elle ne serait plus avec. Ensuite mon beau-père est venu me parler et m'a demandé si c'était vraiment ce que je voulais faire, si je voulais vraiment que ça se termine. Sur le coup de la colère je lui ai répondu que je voulais que ça s'arrête mais finalement je suis revenue sur ma position. Je ne sais pas pourquoi j'ai changé d'avis.

— Aviez-vous un copain au moment des faits et aviez-vous des relations sexuelles avec lui ?

— J'ai eu un copain, Jordan. Je me suis mise avec lui le 14 septembre 2011. Le 17 mai 2012, j'ai eu mon premier rapport sexuel avec lui. Ça m'arrivait d'avoir des blocages et de me mettre à pleurer. Je lui ai raconté ce qu'il m'était arrivé une semaine avant que je le dise à ma mère. J'avais encore des relations avec mon beau-père à cette époque-là.

— Ton beau-père a-t-il fait des photos ou des vidéos ?

— Non, aucune. Il m'envoyait des messages sur mon portable en me disant qu'il m'aimait, qu'il pensait à moi, des mots d'amour. Je lui répondais « moi aussi ». J'avais tellement peur de lui, de sa réaction, que je faisais comme il avait envie.

— Pourquoi n'avez-vous pas de porte à votre chambre ?

— Parce qu'ils m'ont fait changer de chambre, j'ai la chambre de mon grand frère. Dès que j'ai dit à ma mère ce qu'il s'était passé, mon beau-père a décidé de changer les chambres. Mon frère est dans ma chambre et moi dans la sienne. C'est pour m'embêter qu'il fait ça.

— Pouvez-vous nous parler du peignoir ?

— Ce peignoir, je l'ai utilisé à la fin d'un rapport avec mon beau-père. Nous étions dans ma chambre chez ma grand-mère. Je l'ai utilisé pour m'essuyer après l'acte. Mon beau-père ne s'est pas essuyé dessus. Je l'ai gardé pour que ma mère ne le voie pas. Ma grand-mère était couchée sur le canapé et mon grand-père était au travail, il est maçon. Ma grand-mère est malade, elle ferme toutes les portes et elle a des problèmes d'audition. Je n'ai fait que rester vague sur les faits pour en parler à mon copain actuel, Thomas X, qui habite à X car ses parents sont amis avec mon beau-père.

Je ne souhaite pas que ma mère soit informée actuellement que je souhaite déposer plainte à l'encontre de X car j'ai peur qu'elle lui en parle. J'ai peur de leur réaction à lui et à mon frère. »

Dès le début de l'enquête, période chargée d'épreuves et lourde en émotions, j'ai été convoquée pour une expertise médico-psychologique dans une Unité Médico-Judiciaire. Je me suis retrouvée devant deux hommes penchés sur moi pour procéder aux examens nécessaires. J'ai toujours détesté les rendez-vous gynécologiques. Je reste traumatisée dans ce domaine… Les experts ont conclu à une « défloration assez ancienne ». J'ai aussi rencontré une psychologue, à qui j'ai relaté mon parcours de vie, avant de revenir sur les faits. Elle m'a posé quelques questions factuelles assez similaires à celles des gendarmes, et m'a interrogée sur mes ressentis. Elle m'a demandé ce que j'éprouvais pour lui.

« De la haine », ai-je répondu.

Oui, je nourrissais une haine immense envers cet homme que je ne rejoignais que par obligation, pour éviter sa méchanceté, ses privations, ses punitions. Quant à ma mère… J'éprouvais une peine infinie en pensant à elle. Elle ne me comprenait pas, elle ne voulait pas voir la vérité, elle m'avait promis que nous déménagerions à Noël, l'année précédente, j'attendais toujours… J'aurais voulu qu'elle me protège, m'entoure, me réconforte, mais au lieu de cela, elle m'a suppliée de ne pas porter plainte. Je me suis sentie abandonnée. J'ai dit à la psychologue que j'avais l'impression de ne plus avoir de famille et j'ai fondu en larmes. Je lui ai parlé de mon frère, que notre beau-père incitait à boire de l'alcool et retournait contre moi…

Elle m'a interrogée sur les conséquences que ces années de violences avaient sur moi. Les séquelles étaient lourdes et nombreuses. Sommeil très léger, mauvais rêves, stress et inquiétude permanents… Je lui ai raconté un cauchemar que je faisais régulièrement : je confondais mon père et mon beau-père, rêvant que mon père me kidnappait. J'attendais sans doute, inconsciemment, que mon papa me retire des mains de mon bourreau. Vaine et inutile attente : je n'avais plus de nouvelles de lui depuis 2010. Je lui ai écrit depuis, il n'a jamais daigné me répondre. À l'heure d'aujourd'hui, je ne sais pas ce qu'il est devenu. Personne dans ma famille ne m'a protégée, je n'ai pu compter que sur l'aide et l'écoute de personnes étrangères à ma famille. J'ai évoqué aussi l'eczéma que je développais systématiquement le jeudi avant de rentrer chez moi le week-end.

Enfin, la psychologue m'a fait passer quelques tests, dont le test de Rorschach.

Elle a conclu dans son expertise que je lui étais apparue cohérente, coopérante, et crédible, et par ailleurs, sous l'emprise de mon beau-père et incapable de m'en dégager. Elle a ajouté que j'étais en état de stress post-traumatique, et que ce qui me manquait, plus que tout, était le soutien de ma mère. Je lui avais confié que je pourrais m'effondrer si ma mère continuait de ne pas me soutenir.

Près d'une semaine plus tard, le lundi 3 décembre au matin, tout s'est accéléré. Les gendarmes ont débarqué à la maison, pour procéder aux perquisitions et emmener tout le monde au poste, ma mère, mon grand frère et mon beau-père, qu'ils ont menotté. Sa garde à vue a duré 48 heures. Les gendarmes l'ont interrogé durant ces deux jours du matin au soir, sans le lâcher. Pris au dépourvu, mon beau-père a joué la seule carte qu'il avait entre les mains : afin de gagner un peu de temps de réflexion pendant les interrogatoires, il a fait semblant de ne pas parler français et a demandé l'assistance d'une interprète. Quel comédien...

J'ai très vite appris qu'il avait nié tout ce que je lui reprochais, puisque, dès le deuxième jour de sa garde à vue, une confrontation a été organisée entre nous deux. J'ai par la suite eu accès à tous ses procès-verbaux d'audition dans lesquels, en effet, j'ai lu qu'il niait tout.

« Avez-vous bien compris les raisons pour lesquelles vous êtes placé en garde à vue ?
— Oui j'ai bien compris.
Situation personnelle :
[...] J'ai quitté l'Italie le 16 septembre 2008 pour venir m'installer et trouver du travail. Je vous précise que j'ai rencontré ma compagne actuelle, X, en Italie. Nous sommes ensemble depuis 2004, il me semble. J'étais séparé de ma première femme depuis fin 2002. Nous sommes arrivés à X car le père de ma compagne actuelle y vivait et travaillait à X. Nous sommes pacsés depuis deux ans environ, pour l'achat d'un bien en commun, à savoir la maison où nous vivons actuellement. De notre union

sont nés deux garçons âgés de cinq et deux ans. Ma compagne avait déjà deux enfants d'un précédent mariage en Italie, X, âgé de vingt ans et Floriane, âgée de seize ans. Ces derniers vivent tous deux à la maison également. Depuis quelques mois Floriane vit chez une copine, je crois. En effet, j'avais demandé à sa mère de ne plus me trouver seul en sa présence suite à des histoires qu'elle a commencé à faire à droite et à gauche depuis un an environ.

— Qu'entendez-vous par « histoires » ?

— Il y a un an à peu près, sa mère m'a demandé des explications suite à des propos tenus par Floriane. Ma femme m'a demandé ce que j'avais fait à Floriane. J'ai répondu à ma femme que je n'ai jamais eu de soucis avec Floriane. Il y a un problème de communication entre Floriane et sa mère. J'ai juste voulu agir avec Floriane comme un père agirait pour sa fille en lui donnant des conseils. Son frère quant à lui a obtenu un bac pro en plomberie, il travaille actuellement en intérim. Floriane suit des études pour devenir coiffeuse à X. Elle est sous le régime de l'internat. Elle quitte X le lundi pour revenir le vendredi soir. J'ai suivi une scolarité en Italie. J'ai suivi des études supérieures et après, une formation pour devenir kinésithérapeute. J'ai travaillé pendant huit ans mais mon diplôme n'a pas été validé. À mon arrivée en France, j'ai travaillé tout de suite comme intérimaire en faisant des déménagements, monter des chapiteaux, puis intérimaire chez X de 2008 à 2009, puis comme saisonnier, jusqu'en 2010.

Ensuite je suis rentré chez X comme manœuvre du bâtiment. Je possède le permis de conduire. J'ai un véhicule de marque X que j'ai acheté d'occasion il y a trois ans. Mon épouse et moi-même sommes propriétaires de notre maison depuis avril 2011. Auparavant, de 2008 à 2011, nous étions locataires. À notre arrivée, nous avons vécu chez mes beaux-parents au 20 rue X, pendant un an environ. Mon épouse travaille à la crèche municipale X comme aide ménagère et chez des particuliers comme femme de ménage. [...] »

Mon beau-père a été ensuite interrogé sur les faits :

« Lorsque j'ai connu ma concubine, Floriane était âgée de sept ou huit ans. Au départ, Floriane ne vivait pas avec nous car elle et son frère étaient scolarisés à l'école près de chez leur père. Pour ne pas les perturber, ils n'ont pas changé d'école en cours d'année. À l'époque, je voyais un week-end sur deux ma compagne et par la même occasion les enfants.
— Comment Floriane a-t-elle accepté votre arrivée dans sa vie ?
— Au début, les enfants étaient timides mais ils m'ont accepté sans faire de remarque. Floriane me parlait sans problème. Deux ou trois mois après notre rencontre, nous nous sommes installés ensemble. Durant notre vie en Italie, Floriane n'a jamais eu de problèmes particuliers. Elle avait déjà un caractère assez fort. Ce qu'elle voulait elle réussis-

sait à l'obtenir.

— Lorsque vous étiez en Italie, aviez-vous une pause déjeuner le midi ?

— Oui, j'avais une pause entre 12 et 13 heures et je rentrais à la maison pour manger principalement. Floriane et son frère étaient scolarisés, le midi ils mangeaient à la cantine mais je me rappelle qu'ils déjeunaient à la maison peut-être le mercredi.

— Le mot « balançoire » signifie-t-il quelque chose pour vous ?

— Ce mot évoque pour moi le jeu, c'est tout.

— Vous n'avez jamais joué à la balançoire avec Floriane ?

— Non.

— Floriane déclare que vous la preniez sur vous et que vous faisiez la balançoire ?

— Non, il lui est arrivé de venir sur un de mes genoux jusqu'à il y a peu de temps. Je lui demandais de s'asseoir sur une chaise car elle grandissait et n'était plus une enfant.

— Vous arrivait-il de jouer à des jeux avec Floriane ?

— C'est une jeune fille qui n'aime pas perdre, je me souviens qu'au Monopoly si elle perdait elle jetait tout et quittait le jeu.

— Y a-t-il eu des jeux avec plus de contacts physiques ?

— Non.

— Vous faites-vous la bise avec Floriane ?

— Oui, surtout le soir avant de se coucher pour lui dire bonne nuit. Le matin je la vois rarement car je pars de bonne heure au travail. Depuis plus d'un an, Floriane ne nous fait plus la bise à sa mère et à moi avant de se coucher.

— Touchez-vous les fesses de Floriane ? Floriane et votre femme déclarent que vous les touchez souvent.

— Il m'est arrivé de les toucher mais je ne voyais pas le mal. Je vous précise qu'il s'agit d'une petite tape. Je ne fais plus cela à Floriane depuis que mon épouse m'a demandé des explications sur mon comportement avec Floriane. Il m'est arrivé de lui mettre des claques sur les fesses parce qu'elle venait m'embêter.

— Étiez-vous souvent seul avec Floriane ?

— Des fois, je me trouvais seul avec elle. J'ai fait des courses seul avec elle chez Leclerc. Ou à la maison. Avec ses frères.

— Comment pourriez-vous décrire Floriane ?

— Floriane a un caractère un peu spécial. Elle fait tout ce qu'elle peut pour obtenir ce qu'elle désire. Elle s'énerve facilement et rouspète souvent après sa mère. Je lui disais de se calmer afin qu'elle respecte sa mère. Pour résumer Floriane aime bien commander mais ne veut pas recevoir de conseil ou d'ordre.

— Floriane déclare que vous avez abusé d'elle sexuellement en Italie et que les faits ont continué en France. Qu'avez-vous à dire ?

— Non, jamais. Loin de là.

— Pourquoi Floriane tiendrait-elle de tels propos ?

— Je pense qu'elle dit cela car j'ai essayé de la guider ou lui donner des conseils vis-à-vis de ses fréquentations. Elle ne supporte pas qu'on s'immisce dans sa vie. Par exemple, le grand-père de Floriane est venu nous dire que cette dernière lui avait dérobé de l'argent, soit 550 €. Cette dernière a nié devant sa mère et dit que c'était un menteur.

— Que ferait-elle de cet argent ?

— Je ne sais pas. Généralement Floriane reçoit 10 € par mois d'argent de poche. Depuis un an je ne sais pas combien reçoit Floriane.

— À votre connaissance, Floriane fréquente-t-elle des garçons ?

— Oui. Je sais que Floriane a des copains mais je ne les connais pas. Pour moi, c'est normal qu'elle fréquente quelqu'un à son âge. Tout ce que je veux, c'est qu'elle ait la tête sur les épaules.

— Floriane déclare que les faits ont commencé en 2003-2004 alors que vous viviez en Italie sur la commune de X. Vous auriez procédé à des attouchements sur ses seins, ses fesses et son sexe et que notamment vous l'installiez sur vous et que vous faisiez une sorte de va-et-vient. Qu'avez-vous à dire à cela ?

— Je ne sais pas où elle est allée chercher cela.

— Floriane vous a-t-elle déjà surpris en train de faire l'amour avec votre femme ?

— Non jamais à notre connaissance, une fois elle m'a aperçu tout nu alors que je me trouvais dans la salle de bains. C'est elle qui avait ouvert la porte.

Depuis, elle ne m'a jamais vu tout nu.

— Pour vous, Floriane ment dans ses déclarations ?

— Oui. Je ne l'ai pas touchée pour l'agresser sexuellement.

— Floriane déclare que c'est une fois arrivée en France, âgée de onze ans, que vous avez commencé à avoir des relations sexuelles avec elle.

— Non, jamais ! Oh ! Jamais !

— Même si Floriane vous en veut, pourquoi tiendrait-elle des propos aussi graves ?

— Je n'arrive pas à comprendre comment elle est arrivée à cela.

— Peut-être que c'est la vérité, tout simplement, ce qu'elle a dit ?

— Je ne l'ai jamais touchée, jamais fait quoi que ce soit avec elle, je n'arrive pas à comprendre…

— Quand vous avez des relations avec votre femme, vous protégez-vous ?

— Non, car nous n'avons pas de maladie et nous sommes tous les deux.

— Floriane déclare que lorsque vous aviez des rapports avec elle, vous ne mettiez pas de préservatifs ?

— Je n'ai rien à dire car je n'ai rien fait avec elle.

— Floriane dit que vous ne mettiez pas de préservatif, ce que vous faites avec votre compagne ?

— Je ne l'ai pas touchée, je n'ai rien fait avec elle.

— Connaissez-vous le fonctionnement du cycle menstruel des femmes et les périodes d'ovulation chez ces dernières ?

— Oui, je connais à peu près, cela arrive tous les

mois. Si ça ne vient pas, c'est qu'il y a un problème. Par exemple je sais que pour ma compagne cela peut arriver deux fois dans le mois si elle est énervée.

— Floriane déclare que lors de vos relations sexuelles avec elle, vous faisiez très attention à la période d'ovulation et qu'à la fin de ses règles pendant les rapports vous ne faisiez plus attention ?

— C'est totalement faux. Je me souviens que lors d'un repas de famille chez mes beaux-parents ma compagne a déclaré que Floriane était devenue une femme. Après cela je n'ai jamais eu de discussion avec Floriane à ce sujet.

— Avez-vous des rapports intimes avec votre femme durant ses règles ?

— Non, jamais.

— Votre femme ne déclare pas la même chose.

— C'est déjà arrivé, mais c'est rare, à une ou deux occasions. C'est quelque chose que je n'aime pas trop faire.

— Pourquoi avez-vous répondu « non jamais » auparavant ?

— C'est embarrassant de parler de cela pour moi. »

Fin de la première audition à 13 heures. Mon beau-père a tenté de me faire passer pour une fille difficile, sous-entendant déjà que mes accusations provenaient d'un désir de vengeance. Il n'a pas oublié de signaler l'un des seuls actes répréhensibles que j'ai commis dans ma vie : j'avais piqué 50 euros à mon grand-père un jour et nié l'avoir fait. Ainsi, il tentait d'instiller le doute dans la tête des enquêteurs en me faisant passer pour une menteuse. Lui en revanche se présentait comme un beau-père très compréhensif…

L'interrogatoire a repris en début d'après-midi. Il a confirmé toutes ses déclarations faites le matin, puis :

« Vous rappelez-vous le jour où Floriane a parlé de cette affaire de viol ?

— Non, mais il y a plus d'un an.

— Pouvez-vous nous dire comment cela s'est passé ?

— C'est ma compagne qui m'a demandé ce qu'il s'était passé avec Floriane. Moi j'ai répondu « rien ». J'ai questionné ma compagne, qui m'a dit que Floriane avait raconté des histoires entre moi et elle. J'ai demandé quelles histoires, et elle ne m'a pas répondu.

— Votre compagne indique que cela était au mois d'octobre 2012, et qu'elle a surpris Floriane en train de pleurer. Lui demandant ce qu'elle avait elle lui a dit que vous l'aviez violée. Que pouvez-vous nous dire ? Êtes-vous au courant de cela ?

— Je n'ai jamais touché la gamine. Ma compagne ne m'a rien dit quand je l'ai questionnée.

— Vous ne trouvez pas cette situation étrange d'une fille désespérée en train de pleurer et de se confier ainsi à sa mère ?

— Moi je ne sais pas ce qu'il s'est passé. Je n'ai jamais touché la gamine.

— Pourquoi dites-vous « la gamine » ?

— La gamine, la petite Floriane.

— Le mois d'octobre 2012, marque une cassure entre vous et Floriane non ? C'est une période qui est devenue compliquée entre vous ?

— Moi je crois que cela fait plus que cela. Moi je n'ai jamais touché la gamine.

— Est-il exact qu'à une époque, avant le mois d'octobre 2012, date où Floriane s'est confiée à sa mère, elle était très souvent avec vous, elle sortait avec vous, elle allait au parcours santé avec vous etc. ?

— Oui c'est vrai, Floriane demandait à venir avec moi au parcours santé par exemple, ou ailleurs. C'est elle qui demandait de venir avec moi.

— Ne pensez-vous pas qu'elle était sous votre emprise et que si elle ne faisait pas ce que vous vouliez, cela allait mal se passer pour elle ?

— Non, jamais.

— Pourtant Floriane indique dans sa déclaration, que si elle se refusait à vous, vous lui interdisiez de sortir, de prendre son portable, et que vous l'engueuliez pour rien ?

— Non, je n'ai jamais eu de souci avec Floriane. Elle n'aimait pas beaucoup que je lui demande de nous aider à la maison, pour les différentes tâches ménagères, par exemple.

— Ne trouvez-vous pas disproportionné le fait de déposer plainte pour viol et un problème relatif à des tâches ménagères ?

— Moi, je ne sais pas.

— Floriane a mis du temps pour se décider à déposer plainte, elle a dû réfléchir à tout cela ?

— Je ne sais pas. Depuis qu'on s'est fâchés, je n'ai plus parlé avec elle.

— Floriane était réticente à déposer plainte. C'est une amie à elle qui l'a convaincue de déposer plainte. Qu'en pensez-vous ?

— Je n'ai jamais touché Floriane.

— Est-ce que Floriane était suivie par un psychologue ?

— Oui, au collège X, quand elle était collégienne, mais je n'en connais pas les raisons. Je crois que maintenant elle n'y va plus.

— Nous vous donnons lecture d'une lettre, objet du scellé numéro 2, que Floriane a adressée à sa mère pour dénoncer les faits. Qu'en pensez-vous ?

— Cela me fait des frissons. Moi je peux vous dire que Floriane, je ne l'ai jamais touchée. Je reconnais l'écriture de ma belle-fille. Je n'ai jamais vu cette lettre. Mon épouse ne m'en avait pas parlé.

— Offrez-vous des dessous féminins à votre femme ?

— Je crois une fois, mais il y a longtemps. Je crois un jour pour la Saint-Valentin.

— Une seule fois ?

— Oui, peut-être.

— De quelle couleur ?

— Rouge et noir.

— Avez-vous acheté des sous-vêtements de couleur violette ?

— Je ne m'en souviens pas.

— En avez-vous acheté à votre belle-fille ?

— Non.

— Pourtant, elle dit le contraire.

— Non, ce n'est pas vrai.

— À combien estimez-vous la fréquence de vos rapports sexuels avec votre épouse ?

— Deux à trois fois par semaine.

— Est-il arrivé qu'il y ait eu des périodes d'abstinence dans vos relations ?

— Après les deux accouchements, et au cours du dernier mois de grossesse. »

L'enquêteur a ensuite posé des questions très intimes sur les pratiques sexuelles qu'il avait avec ma mère, puis il a abordé le « jeu de la balançoire » :

« Connaissez-vous la position de la balançoire ?

— Non, je ne connais pas cette position.

— Avez-vous été surpris par vos enfants lors de vos rapports sexuels ?

— C'est arrivé avec X qui nous a surpris, mais jamais Floriane. Enfin, moi je ne m'en suis jamais rendu compte.

— Est-il déjà arrivé que votre compagne [*il aborde une pratique sexuelle*] ?

— Non, jamais.

— Pourtant votre femme dit le contraire.

— Non, jamais je n'ai demandé cela à ma femme.

— Quand on a fait lire l'audition de Floriane à votre compagne, elle nous a indiqué être choquée, et a été surprise par l'audition précise de sa fille, qui dé-

crit ses relations entre elle et vous, et qui correspondent en tout point à celles qu'elle a avec vous ?
— Je n'ai rien à voir. Je n'ai jamais touché Floriane.
— Comment expliquez-vous sa déclaration ?
— Je ne sais pas. »

L'audition allait se terminer, mais l'avocat a voulu que l'enquêteur pose quelques questions complémentaires.

« Votre femme a déclaré qu'elle reconnaissait que vous touchiez les fesses de Floriane. Est-ce qu'elle vous en a déjà parlé ?
— Oui, elle m'avait fait la remarque, c'était avant que l'on se fâche.
— Floriane déclare que les attouchements ont commencé en 2003, elle avait 7 ou 8 ans. Est-ce que vous vous rappelez si elle avait un corps de jeune fille ou d'une femme formée ?
— Non c'était une petite qui n'avait pas de formes.
— La lettre que les enquêteurs vous ont fait lire était en la possession de votre femme depuis un an et demi, votre épouse était alors au courant des faits. Avez-vous remarqué un changement dans les relations avec votre femme, que ce soit dans vos relations de couple ou sexuelles ?
— Elle a été distante au début, mais peu de temps après nos relations ont repris.
— Est-ce que vous estimez que vous avez une relation épanouie avec votre femme ?
— Oui.

— Est-ce que votre épouse a eu des relations avec d'autres hommes que vous suite à son divorce ?
— Je ne sais pas.
— Et vous ?
— Avant elle oui mais depuis que je suis avec elle non. »

Les gendarmes ont été malins de lui demander s'il avait été surpris par moi au cours de ses rapports avec ma mère… J'aurais pu raconter ce que j'avais vu, sans l'avoir subi. Or, je ne les ai jamais surpris pendant leurs ébats.

De son côté, quand ma mère a été auditionnée le matin, elle a déclaré aux gendarmes qu'elle avait été choquée de lire mes PV d'audition car je décrivais exactement les mêmes pratiques qu'elle avait elle-même avec son conjoint. Elle a rajouté qu'elle me croyait, qu'elle était désolée de ne pas m'avoir écoutée. Elle ne voulait plus entendre parler de cet homme. Toutefois, elle a refusé de porter plainte pour protéger mes petits frères.

Je pense qu'à ce stade, les enquêteurs ne se faisaient plus beaucoup de doutes sur la culpabilité du gardé à vue.

L'audition du violeur a repris à 17 heures.
Les gendarmes ont abordé la question du peignoir.

« Nous vous présentons un procès-verbal d'investigation coté n° 03 avec une photo représentant un vêtement, que pouvez-vous nous dire sur cela ?
— Il s'agit d'un vêtement que l'on porte chez soi, cela s'appelle un peignoir, Floriane en avait un comme

cela, il y a très longtemps, c'est un couple d'amis d'Italie ou ma mère qui lui avait offert lorsque nous étions en Italie.

— Floriane nous indique que concernant le peignoir, elle s'est essuyée avec suite à un rapport qu'elle déclare avoir eu avec vous. Que pouvez-vous nous dire ?

— C'est impossible qu'elle ait pu s'essuyer avec car je n'ai jamais eu de rapport avec elle, je ne me rappelle pas ce peignoir, je ne l'ai jamais mis et je ne m'en suis jamais servi et ma femme non plus.

— Comment expliquez-vous que du sperme a été retrouvé sur ce peignoir ?

— Je ne sais pas, je n'ai rien fait avec la petite.

— Comment expliquez-vous que ce soit votre ADN qui a été découvert sur ce peignoir ?

— Ce n'est pas possible je n'ai rien fait, je ne comprends pas.

— Avez-vous des explications ? Il est temps pour vous de nous dire ce qu'il s'est passé avec Floriane.

— Je n'ai rien à dire, je n'arrive pas à réfléchir. Peut-être que c'est la petite qui a pris une serviette suite à un rapport avec ma femme et qui a frotté cela sur le peignoir, je ne vois que cette explication, elle veut se venger de moi, moi je n'ai jamais touché la gamine.

— Étiez-vous amoureux de votre belle-fille ?

— Non, je suis amoureux de ma femme.

— Votre belle-fille nous explique que vous l'embrassiez avec amour et que vous lui disiez des mots tendres pendant l'amour et que vous lui faisiez des cadeaux. Que pouvez-vous nous dire ?

— C'est faux. »

La mention du peignoir a grandement déstabilisé mon beau-père, qui ne s'attendait pas à ce que j'aie en ma possession une telle preuve. Le procès-verbal indique qu'il s'est mis à transpirer lors de cette audition et s'est recroquevillé sur lui-même.

À propos du peignoir, j'ai été bien dépitée d'apprendre que les experts n'avaient recherché que son ADN à lui sur le vêtement, et non le mien. Le peignoir ne pouvait pas, dans ces conditions, constituer une preuve puisque mon beau-père aurait pu s'essuyer dessus après un rapport avec ma mère, par exemple. Enfin, cette annonce choc aura au moins eu le mérite de le désarçonner au point où il a révélé, quand l'audition a repris, que nous avions eu des relations sexuelles. Il a menti sur le contexte, mais tout de même, les choses avançaient…

À 18 h 30, après une pause, l'interrogatoire a repris.

« Je n'ai jamais eu de relations avec pénétration avec ma belle-fille. Il est vrai qu'une fois nous étions chez mon beau-père, je faisais la sieste à l'étage dans la chambre et Floriane jouait avec mon fils. J'étais allongé, elle est montée avec mon bébé. X s'est mis à côté de moi et Floriane de l'autre côté. Elle est venue derrière moi et a commencé à se frotter contre moi. Elle a mis sa main dans mon boxer et a commencé à me toucher le sexe, elle m'a masturbé et j'ai éjaculé, ensuite je suis parti en courant. Cela ne s'est plus reproduit.

— À quand remontent les faits que vous nous déclarez ?

— Courant 2012, je crois.

— Pourquoi est-ce que Floriane nous déclare que cela s'est passé à plusieurs reprises ?

— Je n'ai jamais rien fait avec la fille.

— Est-ce que vous avez embrassé Floriane ce jour-là ?

— Non.

— Est-ce que Floriane a volontairement mis sa main dans votre boxer ou est-ce que c'est vous qui lui avez mis ?

— C'est elle qui a mis sa main et m'a masturbé, je ne lui avais rien demandé. »

Comment a-t-il pu inventer une horreur pareille ? !

« Pouvez-vous nous relater de nouveau les faits tel qu'ils se sont passés ?

— C'était un samedi, elle jouait avec X en bas, ma belle-mère était sur le canapé. Comme je faisais d'habitude je suis monté pour me reposer. X a sauté sur mon lit et je l'ai pris devant moi pour faire la sieste, il s'est endormi. Floriane a mis sa main dans le boxer et m'a attrapé le sexe. Au départ je n'étais pas en érection puis elle a commencé à me masturber, c'est à ce moment-là que je suis rentré en érection, elle a continué et je me suis laissé faire.

— Combien de temps cela a-t-il duré ?

— Je ne sais pas.

— Est-ce que Floriane a utilisé autre chose que sa main ?

— Non.

— Comment était habillée Floriane lorsqu'elle est montée vous voir ?

— Je ne sais pas, elle remontait de jouer avec mon fils. Moi j'étais torse nu, en boxer.

— Est-ce que vous avez essayé de repousser votre belle-fille ?

— Non, je crois même que j'ai mis ma main sur la sienne pour qu'elle n'arrête pas.

— Est-ce que vous avez échangé des mots ce jour-là avec Floriane ?

— Je ne sais plus.

— Est-ce que c'est la première fois que votre belle-fille avait un tel comportement avec vous ?

— Oui.

— Avez-vous eu d'autres relations avec votre belle-fille ?

— Non, je ne l'ai pas touchée, je n'ai rien fait avec elle.

— Savez-vous ce que veut dire le mot « viol » ?

— Oui, c'est quand on force une personne à faire des choses qu'elle ne veut pas faire.

— Est-ce que pour vous une fellation est considérée comme un viol ?

— Je ne sais pas.

— Nous venons de vous lire un passage de l'audition de Floriane concernant les caresses, les fellations, les éjaculations buccales ainsi que des relations anales et vaginales que vous avez eues avec Floriane. Que pouvez-vous nous dire ?

— Ce n'est pas vrai, je n'ai rien fait.

— Comment expliquez-vous que les relations sexuelles qu'elle relate soient identiques à celles que vous pratiquez avec votre femme ? Comment expliquez-vous cela ?

— Je ne sais pas.

— C'est peut-être que votre femme parle de cela avec votre belle-fille ?

— Je ne sais pas. Peut-être que Floriane nous écoute quand on a des relations, ma femme crie fort et peut-être que Floriane s'est imaginé des choses. Une fois, nous avions invité un ami et Floriane l'avait surpris en train de se masturber. Le lendemain, elle était venue nous le dire, je m'étais fâché.

— Considérez-vous votre belle-fille comme une jeune fille nymphomane ?

— Je n'ai pas dit cela.

— Comment expliquez-vous les faits que Floriane nous relate ?

— Elle se venge de moi.

— Comment pouvez-vous penser qu'une jeune fille de cet âge puisse avoir autant d'imagination au point de monter une machination contre vous ?

— Elle est capable de tout.

— Vous souvenez-vous d'une dispute au skate parc entre votre belle-fille et vous alors qu'elle se trouvait avec son petit ami ?

— Oui, je me souviens. J'étais venu la chercher au collège et ne connaissant pas les lieux, j'ai été me promener. Là j'ai surpris Floriane en train de se faire caresser par son ami. Elle était sur le banc. Je me trouvais sur le chemin et j'ai vu cela. Elle était sur lui et le garçon avait mis sa main dans sa culotte. Je n'ai pas trouvé normal. Je suis rentré à la maison et j'en ai parlé à sa mère. J'ai demandé à sa mère de lui retirer le portable. Quand elle est rentrée, je l'ai disputée, elle est sortie et je l'ai tirée par le bras pour la faire rentrer, c'est tout.

— Donc cet épisode s'est passé comme elle le déclare, elle ne ment pas ?

— Oui c'est vrai.

— Comment expliquez-vous les propos de votre belle-fille ?

— Moi aussi, je peux écrire des choses sur un bout de papier. C'est souvent elle qui se met derrière moi, moi je ne veux rien faire, c'est elle qui me provoque.

— Donc ce n'était pas la seule fois où vous avez eu des relations avec votre belle-fille ?

— C'est elle qui vient et qui me cherche, moi je n'ai rien fait.

— Pourquoi ne pas en avoir parlé à votre femme ?

— Je ne voulais pas de problème avec ma femme.

— Quand vous nous dites que c'est elle qui vient vous voir, pouvez-vous être plus précis ? Y a-t-il eu d'autres fois ?

— Trois ou quatre fois elle est venue me provoquer

mais moi je ne voulais pas.

— De quel type de provocation parlez-vous ?

— Elle essayait de me toucher l'épaule, de me cacher les yeux.

— Ces faits ont-ils eu lieu avant ou après la masturbation dans la chambre ?

— Quelquefois avant et quelquefois après, j'essayais de la repousser mais cela ne marchait pas.

— De vos propos, vous êtes victime de harcèlement de la part de votre belle-fille ?

— D'un côté, oui.

— Ne pensez-vous pas que votre autorité de beau-père vous incombe des obligations vis-à-vis de la jeune fille ?

— Je n'ai pas d'autorité sur elle. Je la considère comme ma fille.

— Nous venons de vous expliquer ce que pour la loi l'autorité représente, l'avez-vous compris ?

— Oui. Moi je veux une confrontation avec ma belle-fille, je veux qu'elle me dise les mêmes choses, je veux aussi que ma femme soit là. Je ne crois pas ce que ma belle-fille a dit, il y a une différence entre le dire et le faire.

— Donc vous n'avez rien fait avec Floriane X votre belle-fille ?

— Non, je n'ai rien fait. »

La garde à vue a été prolongée de 24 heures.

Le lendemain, les gendarmes ont mis mon beau-père face à ses contradictions et ont démonté ses déclarations, qui étaient contredites par les témoignages des personnes qu'ils avaient interrogées et qui allaient dans le sens du mien. L'interrogatoire a été très incisif.

« Pourquoi, avec un caractère fort, Floriane ne s'est-elle pas rebellée, ne pensez-vous pas que vous exerciez une autorité sur elle et ne pensez-vous pas qu'elle était sous votre influence ?
— Je ne sais pas.
— Trouvez-vous normal que la jeune fille ne nous déclare les faits qu'en novembre 2013 ?
— Je ne sais pas ce qu'il se passe dans sa tête.
— Pensez-vous toujours que la jeune fille puisse mentir ?
— Oui.
— Pourquoi ?
— Je ne sais pas, c'est peut-être que j'ai été sévère et que je lui demandais d'aider à la maison, c'est pour cela qu'elle se venge.
— Ne pensez-vous pas qu'il est exagéré de « mentir » et de « se venger » pour des problèmes de la sorte, n'y aurait-il pas autre chose ?
— Je ne sais pas, comme je lui interdisais de ramener des amis à la maison, alors que son frère amenait des amis, c'est peut-être de la jalousie. Elle a toujours été jalouse. Floriane ne pouvait pas me voir jouer avec d'autres filles, elle était jalouse. Elle a toujours été jalouse. Il y a une copine qui se nomme Camille, c'est l'amie de Floriane dont le père est un collègue à vous, elle venait souvent dormir, parfois

plus d'une semaine, je jouais avec elle et Floriane était jalouse et même sa mère lui disait que si elle était jalouse, ça ne servait à rien qu'elle ramène des copines à la maison.

— Quand vous dites que vous jouiez avec Camille, de quel type de jeu parlez-vous ?

— Rien de mal, à l'époque je parlais très mal le français et elle se moquait de moi et on rigolait ensemble.

— Camille a été entendue dans le cadre de cette procédure et elle déclare que Floriane lui aurait dit que son beau-père, en l'occurrence vous, l'aurait violée à plusieurs reprises depuis qu'elle était plus jeune, ces déclarations remontent aux dires de Camille à 2011, que pouvez-vous nous dire ?

— Je ne sais pas, je n'ai jamais fait quoi que ce soit sur la fille, pour moi Floriane regroupe des jeunes en sa faveur. Elle avait aussi été entendue dans le cadre d'une agression sur une de ses copines qui avait été soi-disant violée par un oncle, et je sais que la fille avait menti, les filles avaient monté un groupe pour inventer cette histoire.

— Pensez-vous que votre belle-fille monte également un groupe contre vous ?

— Oui, je pense même qu'elle fait ça par vengeance et par rage.

— Vous pensez être victime d'une machination ?

— C'est ce que je vois.

— Avez-vous pris des douches avec Floriane ?

— À la plage oui, sinon jamais.

— Floriane déclare que vous avez pris deux ou trois fois des douches ensemble et que vous vous laviez mutuellement. Que pouvez-vous nous dire sur cela ?

— Pas une seule fois.

— Donc Floriane ment encore ?

— Oui.

— Vous nous parliez d'un suivi « psy » pour Floriane. Savez-vous les raisons de ces examens ?

— Non je ne sais pas. C'est toujours sa mère qui se rendait au rendez-vous.

— Votre belle-fille se rendait voir un « psy » et cela ne vous inquiétait pas ?

— Non, c'est sa mère qui s'en occupait et cela ne m'intéressait pas.

— D'après sa maman, les rendez-vous faisaient suite à des cauchemars que la petite faisait tous les soirs et à des crises d'anxiété. Que pouvez-vous nous dire sur cela ?

— Elle voyait tout le temps son père mort. Une fois, son père a essayé de se tuer en se jetant par la fenêtre et la petite y pensait tout le temps. J'avais essayé de dire à Floriane de contacter son père sur Internet, mais elle ne l'avait pas fait.

— Donc vous étiez au courant des raisons pour lesquelles Floriane allait voir un psy ?

— Oui, en partie, je le savais.

— Comment expliquez-vous le récit de Floriane concernant les relations sexuelles et le fait qu'elles correspondent en leur totalité avec les pratiques que vous avez avec votre épouse ?

— Je ne sais pas. Je fais l'amour avec ma femme, et pas avec d'autres femmes.

— Quand Floriane nous dit « on faisait la balançoire » et que vous faisiez la même chose avec votre femme, la balançoire, c'est-à-dire que votre femme était assise sur vous, comment expliquez-vous que votre belle-fille nous indique que vous lui faisiez la même chose ?

— Floriane nous surveillait dans la chambre quand nous faisions l'amour façon balançoire et c'est pour cela qu'elle dit ça.

— Vous nous avez déclaré avoir fait l'amour avec votre femme lorsqu'elle avait ses règles. Floriane nous déclare que vous lui faisiez de même avec elle. Est-ce que Floriane vous surveillait aussi et voyait que vous faisiez l'amour avec votre femme quand elle avait ses règles ? Confirmez-vous ?

— Je ne sais pas.

— Comment elle a su cela, Floriane ?

— Je ne sais pas.

— Floriane nous déclare qu'elle vous faisait une fellation et que vous lui éjaculiez dans sa bouche, comme vous faisiez avec votre femme, est-ce que là aussi Floriane vous espionnait ?

— Je ne sais pas, c'est vrai que de temps en temps lors de discussions avec des amis ou de la famille on parlait de cela à table et Floriane nous posait des questions.

— Trouvez-vous normal de parler comme cela devant les enfants lors de repas entre amis ?

— Oui, ça me paraît normal de parler de cela à table avec les enfants à côté, cela ne me choque pas.

— Floriane nous déclare que vous pratiquiez la sodomie avec elle comme vous le faites avec votre femme, est-ce que Floriane vous espionnait là également ?

— Avec ma femme oui, avec Floriane jamais.

— Comment a-t-elle pu savoir cela ?

— Je ne sais pas.

— Floriane nous déclare que vous ne vous protégiez pas pendant les rapports avec elle comme vous le faites avec votre femme, est-ce que Floriane vous espionnait également ?

— Nous en avons déjà parlé ensemble.

— Nous vous relisons une phrase écrite dans l'audition de votre femme, que pouvez-vous nous dire sur cela ?

— Je n'arrive pas à comprendre, moi je n'ai jamais touché Floriane, je ne sais pas.

— Cela ne vous choque pas que votre épouse, en pleurs, nous déclare que ce que vous avez fait avec votre belle-fille correspond à vos relations intimes de couple ?

— Je n'ai jamais rien fait avec sa fille.

— Vous l'appelez sa fille maintenant ?

— C'est la pression à force de répéter son nom.

— Nous avons reçu le rapport gynécologique concernant Floriane. Comment expliquez-vous que les résultats concordent avec les propos tenus par

Floriane ?

— Je ne sais pas, je n'ai jamais mis la main pour voir si elle était encore vierge, il faut demander à son petit copain.

— Floriane a déjà eu des relations sexuelles d'après vous ?

— Oui, avec tous les préservatifs qu'elle a dans sa chambre, je pense que oui. Une fois, je suis repassé et en ouvrant le tiroir elle n'en avait plus.

— Le rapport indique que sur plan psychologique, il s'agit d'une patiente tout à fait cohérente et coopérante dont l'histoire est concordante avec l'examen clinique. Que pouvez-vous nous dire sur ce rapport ?

— Moi je ne peux rien dire, je ne sais pas ce que cela veut dire. Je ne sais pas quoi répondre.

— D'après vous, malgré la lecture du rapport, votre belle-fille ment-elle toujours ?

— Oui.

— D'après vous, depuis quand votre belle-fille n'est-elle plus vierge ?

— Je ne sais pas, la fois où je l'ai vue au skate parc avec son copain.

— Comment expliquez-vous que le médecin déclare que la défloraison de l'hymen de Floriane est très ancienne, avez-vous des remarques sur cela ?

— Non, je regrette ce qu'elle a fait, je ne comprends pas, j'ai essayé de faire le mieux pour elle et je n'ai jamais fait de différence, je n'arrive pas à comprendre.

— Pensez-vous que les médecins experts de l'UMJ de X puissent faire partie de la machination dont vous êtes victime ?

— Je ne dis pas cela, je ne sais pas ce que Floriane a pu faire avant.

— Floriane en a parlé à son ancien copain et à plusieurs copines, à peu près dans les mêmes termes, qu'en pensez-vous ?

— Machination, rêve, je n'arrive pas à comprendre.

— Est-ce que vous avez des ennemis à X ?

— Que je sache, non.

— Pourquoi refusiez-vous que Floriane aille dormir chez Camille, sachant que le père est gendarme ?

— Non ce n'est pas vrai, je n'ai jamais empêché Floriane d'aller chez Camille, c'est arrivé que le père de Camille soit venu la chercher pour dormir.

— Nous vous donnons lecture de l'audition du papa de Camille expliquant que vous aviez toujours refusé que Floriane vienne dormir chez Camille.

— Pour moi j'entendais que Floriane allait dormir chez Camille.

— Pensez-vous que le papa de Camille fait également partie de la machination dont vous êtes victime ?

— Je n'ai jamais dit cela.

— Lors de la masturbation dans la chambre chez vos beaux-parents, avez-vous éjaculé et où ?

— J'ai sali sa main, j'en avais partout et je suis parti en courant pour me laver.

— Est-ce à ce moment-là que vous avez utilisé le

peignoir ?

— Moi je ne sais pas.

— Est-ce que Floriane portait un peignoir ?

— Je ne sais pas, il fait sombre dans la chambre, je n'ai pas bien vu.

— Est-ce que Floriane s'habille souvent en peignoir ?

— Non.

— Comment se fait-il que nous ayons trouvé les traces de sperme sur le peignoir de Floriane qui correspondent à votre profil ADN ?

— Je ne sais pas comment mon sperme est arrivé là.

— Pouvez-vous nous expliquer vos propos, « je l'aurais déchirée », est-ce pour cela que vous lui aviez uniquement fait des caresses lorsque vous habitiez en Italie et qu'elle était petite ?

— C'est inimaginable qu'une personne adulte ne laisse pas de trace sur un enfant. Je n'ai jamais touché Floriane, quand elle était enfant, je la prenais sur mes jambes mais je n'ai jamais rien fait avec elle. Elle était toujours collée à moi.

— Pourquoi utiliser ces propos, « je l'aurais déchirée» ?

— Pour moi un enfant, c'est fragile.

— Entretenez-vous une relation amoureuse avec Floriane ?

— Non. »

L'après-midi qui a suivi fut très pénible. Une confrontation a été organisée entre nous deux. Quelle horreur de me retrouver dans un bureau en sa présence… Les enquêteurs nous ont posé des questions tour à tour. Nous n'avions pas le droit de répondre à la place l'un de l'autre. On m'a fait asseoir en retrait, derrière lui, afin qu'il ne me voie pas et ne tente pas de me manipuler, par un regard, par exemple. Je n'ai pas voulu me laisser démonter, et j'ai maintenu toutes mes déclarations.

L'officier s'est d'abord adressé à lui :

« Floriane nous déclare qu'à l'âge de sept ans et demi, et jusqu'à ses onze ans, alors que vous viviez en Italie, lors de votre pause entre 13 heures et 14 heures, vous l'invitiez dans votre lit afin de faire « la balançoire », c'est-à-dire que vous la mettiez sur vous et que vous faisiez un geste de va-et-vient en mettant vos mains sur ses fesses mais sans la pénétrer. Qu'avez-vous à nous dire ?

— Je n'ai rien à dire parce que ce n'est pas vrai.

— Si c'est vrai ! ai-je commenté.

— Avez-vous pris des douches ensemble ? nous a-t-il demandé à tous les deux.

— Non, a répondu mon beau-père, sauf à la plage comme je vous l'ai déjà dit.

— Oui, ai-je dit à mon tour, une en Italie et une à notre ancienne adresse au 18 rue X.

— Floriane nous déclare que vous avez commencé à la pénétrer, lors de votre venue en France, lorsqu'elle est entrée dans la puberté et qu'elle a commencé à avoir ses règles. Qu'avez-vous à nous déclarer ?

— Jamais entendu parler de ça car je n'ai jamais rien fait. »

L'officier s'est tourné vers moi :

« Que répondez-vous à ses dires ?

— Il ment, c'est tout. »

Puis, à mon beau-père :

« Floriane nous déclare que vous lui demandiez des fellations et que certaines fois vous avez éjaculé dans sa bouche. Qu'avez-vous à nous dire ?

— C'est que des mensonges, moi je n'ai jamais fait cela avec elle. »

À mon tour, j'ai répondu, que nous l'avions fait une fois chez mes grands-parents et quelquefois dans la nouvelle maison. L'officier a voulu savoir si je l'avais masturbé à sa demande.

« Oui, je l'ai masturbé, il me l'a demandé une fois et sinon c'est moi qui lui faisais d'initiative.

- Pourquoi lui faisiez-vous d'initiative, est-ce que pour vous cela était devenu naturel ?

— Oui. »

Mon beau-père a déclaré qu'il n'avait rien à dire à ce sujet car cela n'était arrivé qu'une seule fois.

L'officier, à moi :

« Votre beau-père a reconnu que vous l'aviez volontairement masturbé alors qu'il faisait la sieste. C'est vous qui êtes venue dans le lit et vous avez posé la main sur son sexe afin de le masturber, sans qu'il vous le demande et cela en présence de votre petit frère. Qu'en pensez-vous ?

— C'est faux !

— N'est-ce pas la seule chose qui s'est passée entre vous et votre beau-père ?

— Il y a eu d'autres trucs. »

Mon beau-père a été interrogé sur la pénétration anale, qu'il a niée, évidemment.

« C'est faux, me suis écriée, tout ce qu'il dit est faux !

— Votre beau-père vous embrassait-il sur la bouche et avec la langue lors de vos rapports ?

— Oui. »

Lui a nié…

Puis le peignoir, ma grande PREUVE, est revenu sur le tapis. J'ai raconté :

« C'est lors d'un rapport avec mon beau-père dans ma chambre chez ma grand-mère, il était posé sur ma chaise et je me suis essuyée avec. Ensuite je l'ai caché pour que ma mère ne puisse pas le voir et le laver. »

L'officier, à mon beau-père :

« Que répondez-vous à ses dires ?

— C'est toujours la même histoire, lorsque j'ai été masturbé par Floriane dans la chambre elle a dû s'essuyer avec.

— Donc ce n'est plus la fois où la petite a pris la serviette que vous aviez utilisée avec votre épouse et qui se trouvait dans la corbeille ?

— Je ne sais pas. »

L'officier nous a demandé où nous allions le dimanche matin en voiture. Mon beau-père a répondu le premier :

« Comme d'habitude, je me rendais boire un café, faire un Euromillion et ensuite je faisais un tour au parcours de santé. Je m'y rendais avec Floriane pour discuter et fumer une cigarette. Cela durait quinze minutes.

— Nous nous rendions à Intermarché, ai-je dit à mon tour, lorsque j'avais besoin de choses pour l'école, ensuite on allait au parcours de santé derrière une déchetterie puis nous avions des relations sexuelles. Cela durait plus de quinze minutes.

— Avez-vous dit à Floriane que vous lui feriez les mêmes

enfants qu'à votre femme ?

— Non, jamais.

— Que répondez-vous à ses dires ? » m'a fait l'officier.

Je n'ai pas pu m'empêcher de fondre en larmes.

« Une fois, nous étions dans la cour avec mon petit frère et il m'a dit "Un jour, je te ferai le même". »

L'officier s'est tourné vers mon beau-père :

« Êtes-vous amoureux de Floriane et ne pensez-vous pas avoir fait un transfert entre votre femme et elle car vos pratiques sexuelles entre votre épouse et Floriane sont identiques ?

— Non.

— Et vous, étiez-vous amoureuse de votre beau-père ?

— Non !

— Quel est votre sentiment quant aux déclarations effectuées par votre beau-père ?

— La haine, parce qu'il nie et qu'il sait très bien ce qu'il m'a fait.

— Quel est votre sentiment quant aux déclarations de Floriane ?

— Elle ment, je n'ai rien fait avec la petite, je maintiens le fait que cela ne s'est passé qu'une seule fois et que les autres fois c'est moi qui ai repoussé ses avances. »

L'entretien s'est poursuivi :

« Depuis l'incident dont Floriane parle avec sa mère et vous, a demandé l'officier à mon beau-père, quel est le comportement que vous aviez vis-à-vis de votre belle-fille ?

— Depuis elle est partie de la maison. Lorsqu'elle revient, nous ne nous parlons pas, elle reste dans sa chambre et moi dans le canapé du salon.

— Est-ce que vous lui adressez la parole ou pas ?

— Non.

— Quant à Floriane, quel est son comportement, est-ce qu'elle vous ignore ou fait comme si de rien n'était ?

— Je ne lui parle pas sauf pour lui faire des reproches lorsque les choses ne vont pas à la maison. »

Sitôt après la confrontation, j'ai été réentendue par un enquêteur. Il est revenu sur l'argent que j'avais volé à mes grands-parents. Je n'ai pas su expliquer mon geste. Il m'a demandé si mes parents me donnaient de l'argent de poche. Je n'en recevais pas beaucoup en l'occurrence, mais je ne me suis jamais plaint car je savais que ma mère ne roulait pas sur l'or et ne pouvait faire plus. Nous avons ensuite reparlé des rapports commis avec mon beau-père de ma propre initiative. Je le rejoignais dans le lit sans même qu'il me le demande, c'est vrai ; j'ai eu cette explication sur le coup :

« Je savais que si je n'y allais pas, il allait me faire la gueule.

— Ne valait-il pas mieux qu'il te fasse la gueule ?

— Je voulais qu'on soit tous bien dans la famille, cela me faisait donc chier qu'il me fasse la gueule, je me sacrifiais donc.

— C'est cher payé, non ? »

J'ai éclaté en sanglots en faisant oui de la tête.

J'imagine que c'est le fait d'être sous son emprise qui me faisait agir de la sorte. J'avais intégré, au fond de moi, sa volonté à lui, j'agissais suivant son bon vouloir, anticipant ses désirs. À force de subir ses menaces et violences psychologiques, j'avais fini par me taire à moi-même, et nier ma propre volonté pour me soumettre à la sienne.

« Pourquoi ne pas en avoir parlé avant avec ta mère ?

— J'ai essayé, mais je n'ai pas réussi à lui en parler.

— Est-ce que ta mère te parlait de ses relations sexuelles avec ton beau-père ?

— Ma mère non, mais mon beau-père oui. Il me parlait des positions qu'il faisait avec ma mère, et ce que lui faisait ma mère. Il voulait et il faisait la même chose avec moi. Il m'a même dit qu'il préférait le faire avec moi qu'avec ma mère.

— Est-ce qu'il te prenait pour ta mère quand il était avec toi, dans des relations intimes ?

— Oui, surtout quand il m'embrassait sur la bouche avec la langue. Ça, c'est un truc qu'il faisait avec ma mère, et qu'il n'avait pas à faire avec moi.

— As-tu surpris tes parents quand ils étaient ensemble dans des moments intimes ?

— Je les ai entendus, oui, mais je ne suis pas allée les voir. J'ai pu les entendre en Italie, car ma chambre était juste en face de la leur. Maintenant avec le recul je comprends ce que j'entendais.

— As-tu déjà entendu parler ta mère et ton beau-père de sexe ?

— Non. À part dans les repas de famille quand ils avaient un peu bu. Je dirais que les conversations étaient très vulgaires, cela ne me choquait pas, mais il y avait quand même des petits enfants. »

Puis il a été question de ma défloration. On m'avait volé mon intimité quand j'avais sept ans, et elle ne m'appartenait toujours pas… J'aurais pu me sentir exaspérée, voire agressée par ces questions, pourtant il n'en était rien. Parler me soulageait. J'étais restée avec mon secret et mes tourments pendant près de huit ans, alors j'ai vécu ces espaces de paroles comme une libération.

« Lors de ton examen gynécologique, le praticien a noté : " Dans sa vie sexuelle, elle dit avoir une vie sexuelle régulière depuis deux ans environ avec un premier petit copain qui l'avait pénétrée avec des signes évoquant une défloration typique de type saignement." Que peux-tu nous dire sur cela ?

— Je ne sais pas comment vous l'expliquer. C'est vrai j'ai saigné, mais pas parce que j'étais vierge. Je pense qu'on s'y est mal pris, je ne vois pas d'autre explication, je n'avais pas mes règles. Une chose est sûre, c'est bien mon beau-père qui m'a pris ma virginité.

— La première fois avec ton beau-père ?

— Je ne m'en souviens pas trop. Je ne me souviens pas avoir saigné. J'ai posé des questions à mon beau-père relatives au sida, et il m'a dit « On l'aurait vu lors des prises de sang ». Je me souviens avoir passé une échographie à X, à la clinique, car j'avais un problème à la hanche, et j'ai demandé à mon beau-père s'il était sûr que je n'étais pas enceinte, car je pensais qu'on aurait pu le voir lors de l'examen. Ma mère était avec moi.

— Lors de vos rapports, ton beau-père était-il violent ? Avais-tu mal lors des pénétrations ?

— Violent non, jamais. Mal oui, au début de la pénétration. »

L'officier m'a demandé ce que je souhaitais pour mon

beau-père à présent. J'attendais qu'il paye, mais je ne voulais pas qu'il aille en prison car je refusais de priver mes petits frères de leur père. J'avais été privée du mien, je savais les souffrances qu'une telle séparation pouvait engendrer.

Trois quarts d'heure plus tard, mon beau-père a été entendu à son tour par un officier, qui est revenu sur notre confrontation et sur les déclarations que je venais de faire.

« Floriane nous explique les raisons de son silence suite aux agressions dont elle déclare avoir été victime de votre part, elle nous explique avoir agi de la sorte pour ne pas se fâcher avec vous et pour éviter que vous lui fassiez la « gueule ». Qu'est-ce que vous pouvez répondre à cela ?
— Je ne sais pas ce qu'elle pense dans sa tête, je ne sais pas, je n'arrive pas à comprendre.
— Si ce que vous nous dites est la vérité, vous avez culpabilisé, pourquoi ne pas avoir été voir votre femme ou même la gendarmerie ?
— Je ne sais pas, j'avais honte de moi.
— Floriane nous déclare que cela vous arrivait de parler avec elle de vos relations sexuelles avec votre femme. Confirmez-vous ?
— Non.
— Elle nous indique que vous avez dit que vous préfériez faire l'amour avec elle plutôt qu'avec votre femme. Confirmez-vous ?
— Jamais.
— Quelle réaction cela vous a fait lorsque vous avez

vu Floriane pleurer pendant la mise en présence ?

— Cela m'a fait mal.

— Qu'est ce qui a pu se passer au sein de votre famille pour qu'il y ait de la haine de part et d'autre ?

— Je ne sais pas.

— Le rapport du psychologue de l'UMJ de X déclare dans ses conclusions que Floriane lui paraît sous votre emprise et qu'elle semble ne pas pouvoir s'en dégager, que pouvez-vous nous dire ?

— Rien, je ne sais pas.

— Depuis votre arrivée en France, est-ce que vous avez eu des périodes d'inactivité professionnelle, pendant lesquelles vous étiez à la maison ?

— Oui, cela m'est arrivé et en effet parfois je restais chez moi. Quand je suis arrivé j'ai travaillé chez X puis j'ai poursuivi ma formation de kinésithérapeute, cela ne m'a pas plu et je suis retourné travailler chez X.

— Floriane déclare que, a priori, elle aurait cédé à vos demandes par peur que vous fassiez « la gueule ». Comment cela se traduisait-il ?

— Il m'arrive, lorsque j'ai passé une mauvaise journée, de dire de me foutre la paix, même à ma femme.

— Avez-vous déjà été violent envers Floriane ?

— Non.

— Est-ce que vous pouvez me dire si Floriane et sa mère étaient proches ?

— Non, pas vraiment. C'est un peu moi qui faisais le tampon, il n'y avait pas de dialogue entre les deux et cela finissait toujours en dispute.

— Pensez-vous qu'il pourrait exister une certaine concurrence entre la mère et la fille ?

— Non, je n'ai jamais rien ressenti de tel.

— Si votre concubine s'entend si mal avec Floriane, pourquoi est-ce que ce n'est pas contre sa mère que la petite a déposé plainte ?

— Je ne sais pas. »

Le lendemain, il a été présenté à une juge d'instruction, à qui il a répété qu'il niait les viols et agressions et s'en voulait d'avoir cédé à une reprise à mes « avances ». Il n'a pas dû convaincre la juge, qui lui a signifié sa mise en examen pour faits de viol à mon encontre, avec la circonstance aggravante qu'il avait autorité sur moi. Il n'a pas été envoyé en détention provisoire, mais placé sous contrôle judiciaire, avec obligation de pointer chaque semaine à la gendarmerie. En outre, il n'avait pas le droit de m'approcher à moins de trois cents mètres.

J'ai commencé à entrevoir une lumière au bout du long tunnel de mon existence... J'avais été entendue par les gendarmes, qui m'avaient crue, et j'étais en droit d'espérer que, dans quelque temps, l'affaire serait portée aux assises. Bien entendu, j'aurais aimé qu'il avoue les actes au lieu de nier et de se cramponner à des mensonges en me faisant passer pour une petite perverse voyeuse et mythomane, j'étais cependant fière d'avoir réussi à pousser la porte de la gendarmerie pour porter plainte contre lui. Par cette action, j'avais fait un pas de plus vers ma libération de son emprise. Je suppose qu'il est tombé des nues, d'ailleurs, quand il a appris que j'avais déposé plainte. Il devait être persuadé que j'étais encore sous sa coupe.

En ce mois de décembre, les parents de Thomas avaient prévu d'emmener leurs enfants à Disneyland. Un soir, à table, ils m'ont proposé de les accompagner. Je n'étais jamais partie en vacances. J'étais très embarrassée.

« Vous avez déjà quatre enfants, je ne vais pas venir avec vous à Paris…

— Tom serait heureux que tu viennes, ça le changera de ses parents et de ses petits frères !

— Mais ma mère n'est pas au courant…

— Si, elle l'est ! On lui a déjà demandé si elle était d'accord pour qu'on t'emmène. Elle a dit oui. »

J'étais très émue. Cette famille avait un cœur en or. Ils avaient économisé pendant plusieurs années pour offrir le voyage à leurs enfants, et n'ont pas hésité une seconde à m'emmener. C'était incroyable. J'ai rarement eu l'occasion de rencontrer des personnes si bonnes et si généreuses.

Nous avons passé Noël à Paris tous ensemble, je me suis sentie aimée comme si je faisais partie des leurs. Ils m'ont pourrie gâtée au cours de ce séjour, ils m'ont tellement donné !

« Quand il y en a pour six, me disaient-ils, il y en a pour sept ! »

Cette escapade a été magique. Je n'avais pas l'habitude de recevoir de tels cadeaux… Chez moi, à Noël, on nous offrait un seul petit paquet, et quand il avait coûté une vingtaine d'euros, nous en entendions parler toute l'année…

À notre retour de vacances, les parents de Thomas m'ont offert un autre cadeau d'une valeur inestimable : ils m'ont offert une place parmi eux :

« Maintenant, tu restes chez nous. Tu es comme notre fille, tu es chez toi ici. »

De son côté, ma mère m'a fait une belle surprise pour mon anniversaire. Elle avait pris un appartement pour nous et mes petits frères. Je n'en revenais pas ! Je venais de passer un Noël extraordinaire avec ma nouvelle famille et en rentrant, j'apprenais que j'avais une maison où je pourrais retrouver ma maman et mes frères. Oui, la roue commençait à tourner pour moi…

L'enquête a suivi son cours. Début 2014, d'autres témoins ont été entendus – ma demi-sœur, mon grand-père, des personnes de mon entourage et de l'entourage de ma mère et de mon beau-père, etc. Ma demi-sœur a déclaré que mon beau-père m'empêchait de sortir et me traitait comme une domestique, m'imposant une quantité incommensurable de tâches ménagères ; elle a répété tout ce que je lui avais dit sur les viols, et a fini en affirmant qu'elle me croyait, que j'étais une personne fiable qui ne mentait pas. Les témoignages de mes amies et de ma mère abondaient également dans mon sens, alors que le portrait qui était dressé de mon beau-père s'avérait bien négatif. Autoritaire, sinon tyrannique avec moi, manipulateur… Il ne sortait pas grandi des dépositions. Des enquêteurs ont par ailleurs photographié les lieux où les faits s'étaient déroulés. Ils ont pris plusieurs clichés des chambres, de la salle de bains et de la douche.

L'année 2014 a été une année en dents de scie, les six premiers mois, surtout, ont été compliqués. J'avais obtenu mon CAP Métiers de la coiffure, mais je traînais ma peau, je n'avais pas la force d'avancer et je ne savais pas vers quoi m'orienter. Mon passé douloureux me hantait constamment. La page n'était pas tournée, je ne pouvais pas la tourner. Non seulement mon affaire était loin d'être close, mais en plus il m'arrivait de croiser mon beau-père quand il venait chercher mes demi-frères chez ma mère. Impossible d'échapper à mon histoire… Je le voyais traîner dans le quartier en faisant le coq, déclarant à qui voulait l'entendre que l'affaire dans laquelle je le mettais en cause n'aboutirait pas… Il pavanait, me provoquait, continuait à déblatérer dans le quartier contre moi, comme si rien ne s'était passé entre-temps ! Le voir me tétanisait de peur, maintenant que j'avais parlé, je me demandais quelle vengeance il me réservait. Une fois, je l'ai croisé par hasard sur un marché nocturne. Je suis partie en courant ! Je me suis mise à trembler, je n'étais pas bien du tout. Mon mari m'a dit que je n'avais rien à me reprocher… Certes ! Mais il avait tellement mauvais fond et se fichait tellement des autorités que je craignais qu'il m'agresse.

Au cours de cette année-là, rapidement, je n'ai plus eu de nouvelles de l'affaire, ce qui m'a beaucoup déstabilisée. Pendant de longs mois, je n'en ai plus entendu parler. Je me suis mise à douter, je me demandais si elle allait vraiment aboutir et si le procès aurait lieu… J'ai alors poussé la porte d'une association, l'APAVIM, qui m'a trouvé un avocat ainsi qu'une assistante sociale et une psychologue.

Concernant mes études, une fois de plus, j'ai pu compter sur l'appui de Thomas et de ses parents, qui m'ont trouvé une école de coiffure, non loin de chez eux. Il s'agissait d'une école privée très chère, dont ils ont partagé les frais d'inscription avec ma mère. Ils m'ont même offert ma mallette de coiffure, qui avoisinait les 600 euros... Quelle générosité ! Je me suis beaucoup plu dans cette école. C'est curieux, à l'origine, je voulais être psychologue. J'ai toujours aimé aider les autres. Comme ces études étaient trop longues pour moi, j'ai renoncé à prendre cette voie ; j'ai voulu aider d'une autre manière, par le biais de la coiffure... Les femmes se confient pendant qu'elles se sont coiffer, il y a une forme d'écoute que la coiffeuse apporte, et puis, faire plaisir à des femmes en les rendant encore plus jolies permet de se sentir utile et de savoir que l'on fait du bien autour de soi.

Enfin, en novembre 2014, après de longs mois de silence, j'ai été convoquée par la juge d'instruction. Au cours d'une longue audition, j'ai détaillé, par le menu tout ce que j'avais déjà exposé aux gendarmes l'année précédente : comment s'était passée la première fois « exactement », la fréquence des rapports, s'il me parlait et m'embrassait pendant les actes, les cadeaux qu'il m'a offerts ; il a été question du peignoir encore, de ses réactions quand je m'opposais à lui, etc., etc. Je n'ai jamais changé de version.

Six mois plus tard, un moment très pénible m'attendait. Il m'a fallu le confronter pour la deuxième fois, dans le bureau de la juge. Je n'étais pas du tout préparée à cette confrontation, j'étais angoissée. Mon copain m'a emmenée au tribunal en voiture, il était lui-même très stressé et roulait si vite qu'on lui a suspendu son permis.

Je n'avais pas du tout envie de revoir mon beau-père. On m'a fait asseoir derrière lui, cette fois encore. J'avais mon avocat et ma tutrice légale avec moi, accordée par l'Apavim parce que j'étais mineure et que ma mère ne voulait pas porter plainte. Je n'attendais plus d'aveux de mon beau-père, et me demandais ce qu'il allait encore inventer.

La juge a commencé par lui demander quels étaient les faits qu'il reconnaissait.

« Ce que je reconnais, c'est ce qui s'est passé : c'est de l'avoir laissée me toucher. C'était avant qu'on arrive dans la nouvelle maison, en mai 2012.

— Quel âge aviez-vous en mai 2012 ?

— 39 ans et Floriane avait, je crois, 15 ans et demi ou 16 ans.

— Quand elle avait 15 ans, vous la laissiez donc vous toucher, c'est ça ?

— Oui, c'est une bêtise de ma part.

— Pensez-vous véritablement que l'on puisse croire le déroulement des faits que vous donnez, c'est-à-dire qu'alors que vous étiez couché sur le lit, avec votre fils qui avait deux ou trois ans dans les bras, elle se soit couchée contre vous et vous ait naturellement mis la main sur le sexe, précision faite qu'elle avait 15 ans ?

— C'est ce qui s'est passé.

— Floriane s'est donc jetée sur vous ? »

La juge n'était pas dupe et se moquait ouvertement de lui…

« Non, elle était couchée derrière moi et c'est donc au bout d'un moment qu'elle a mis la main dans mon boxer.

— Quelle a été votre réaction ?

— À ce moment-là, je n'ai eu aucune réaction mais j'ai eu un début d'érection.

— Combien de temps cela a-t-il duré ?

— Ça a été jusqu'à ce que j'aie atteint le point, 5 à 10 minutes environ.

— Il ne vous est pas venu à l'esprit, quand bien même votre belle-fille vous a mis la main dans votre slip spontanément, qu'elle n'avait pas à faire ce geste ?

— Je sais, je me suis senti mal à ce moment-là et je me sens aujourd'hui encore mal. Enfin, je veux dire, que je me suis senti mal après coup. »

La juge s'est tournée vers moi :

« Vous avez entendu la version de monsieur. Qu'en pensez-vous ?

— C'est faux, ce n'est pas ce qui s'est passé. Cette scène, qu'il raconte, ne m'évoque rien, c'est-à-dire : un jour où il aurait été couché sur son lit avec mon petit frère endormi sur ses bras et moi, couchée derrière lui, en train de le masturber jusqu'à éjaculation.

— Que s'est-il passé pour vous, en commençant par les faits dont je suis nouvellement saisie pour les faits d'octobre 2003 à novembre 2008 en Italie et à X ?

— J'étais à l'école en Italie et quand je rentrais pour manger à la maison, il était là. Après manger, il me demandait de venir sur lui pour faire la « balançoire », c'était lui qui appelait ça comme ça, et ça voulait dire pour moi qu'il fallait que je me mette assise à cheval sur lui au niveau du sexe. Lui était couché sur le dos et il me balançait sur lui en me tenant par les hanches.

— Lors de la mise en examen supplétive de ce jour, Monsieur X m'a répondu que vous n'étiez arrivée chez lui avec votre frère qu'à la fin de l'année scolaire 2003-2004 c'est-à-dire à la fin du mois de juin 2004. Ensuite, il ajoute que vous n'avez jamais été seule avec lui pour la pause déjeuner lorsque vous étiez en Italie. Que répondez-vous ?

— Pour la date, je suis d'accord car je ne me souviens pas précisément de la date. Pour la pause déjeuner, je n'étais pas dans la même école que mon grand frère et dans la mienne, il n'y avait pas de cantine. C'est pour ça que l'on était bien tous les deux tous les jours de la semaine pour la pause déjeuner, sauf peut-être le mercredi car je ne me souviens plus si j'avais cours ou mon frère cantine. Je me souviens que mon grand frère mangeait tous les jours de la semaine à la cantine. Nous n'étions pas dans la même école car moi j'étais à l'école primaire et lui au collège.

— Qu'en pensez-vous ? a demandé la juge à l'accusé.

— Ce que j'ai à dire, a-t-il répondu, c'est qu'elle mangeait à l'école et son frère aussi, c'est-à-dire à la cantine. J'ai une collègue qui travaillait avec moi et qui pourra confirmer ce que je dis et aussi que j'allais les chercher à la fin de la journée. Elle s'appelle X. Elle habite à côté du domicile de mon ex-compagne.

— Connaissez-vous cette personne ? m'a demandé la juge.

— Oui, très bien. Selon moi, elle ne savait pas ce qui se passait à la maison car ils ne se voyaient qu'au travail. Et puis il ne venait pas nous récupérer à l'école.

— Lors de votre audition devant les militaires, lui a-t-elle demandé alors, vous aviez reconnu que cette pratique de la balançoire, ce que pourtant vous ne m'aviez jamais dit, vous la connaissiez. Qu'en est-il ?

— Je ne sais pas. C'est vrai que c'est une pratique que j'avais avec ma compagne. J'appelais ça, effectivement, la balançoire. Je ne sais pas d'où ça venait. Mais c'est vrai que nous l'appelions comme ça. Une fois Floriane avait entendu du bruit et elle était rentrée dans une pièce où un copain à moi était en train de se branler. Elle était très curieuse et dès qu'elle entendait du bruit elle se précipitait. C'est comme ça qu'elle a pu arriver dans notre chambre et vu sa mère et moi en train de faire la « balançoire ».

— Était-elle une petite voyeuse pour vous ?

— D'une certaine façon, oui. »

La juge m'a demandé si je souhaitais réagir. Je bouillais intérieurement, mais à quoi aurait servi que j'éclate de colère ? Je ne voulais pas me mettre en position de faiblesse. J'ai dit non.

« Lorsque vous êtes arrivée en France, a-t-elle repris, que s'est-il passé ? La balançoire a-t-elle continué ?

— Je n'ai pas le souvenir que la balançoire ait continué en France. Pour moi, on est arrivés en France en septembre 2012 et j'ai eu mes règles en novembre 2012. C'est à ce moment-là que les pénétrations ont débuté.

— Sont-elles liées pour vous à vos règles ?

— Je ne sais pas s'il y avait un lien, mais ça a commencé à ce moment-là. C'est-à-dire que pour la première pénétration je venais d'avoir mes règles et comme je vous l'ai déjà dit, ma mère et ma grand-mère avaient beaucoup parlé de ce nouvel événement : mes règles.

— Vous aviez raconté que votre premier rapport sexuel

se déroulait dans votre chambre à l'étage lorsque vous habitiez chez vos grands-parents. Il était venu vous retrouver alors que vous étiez en train de travailler. Vous souvenez-vous de cette scène ?

— Oui, je m'en souviens. J'étais en train de faire mes devoirs sur mon lit, il m'avait allongée sur le lit et enlevé le pantalon.

— N'aviez-vous eu aucune réaction ?

— Non, j'avais l'habitude qu'il vienne me voir pour ce genre de choses et pour moi c'était normal.

— Y a-t-il d'autres fois où il vous a déshabillée ?

— Oui, pour la « balançoire » la plupart du temps, il m'enlevait mon pantalon, si j'en avais un. J'étais rarement en robe. Quand on faisait la balançoire, j'étais toujours en culotte sur lui.

— Vous étiez donc couchée sur le lit, il vous a enlevé le pantalon, que s'est-il passé ?

— Il faisait noir, car comme je vous l'avais expliqué ma chambre était dans un grenier et très sombre puisqu'elle n'avait pas de fenêtre sur l'extérieur, quand la porte était fermée il n'y avait qu'une fenêtre sur le couloir. Il était arrivé en caleçon dans ma chambre, car il arrivait de la sienne qui se trouve à l'autre bout du couloir. J'étais assise sur le bord du lit, lorsqu'il m'a couché je me retrouvais donc couchée au bord du lit les jambes pendantes à l'extérieur du lit. Le lit était assez haut, c'est là qu'il m'a pénétrée sans avoir besoin de se coucher sur moi. C'était une pénétration vaginale et il a éjaculé dans moi, comme à chaque fois par la suite, sans aucune protection. »

La juge s'est alors adressée à mon beau-père :

« Vous souvenez-vous de cette première pénétration qu'elle décrit ?

— Non, il n'y a jamais eu de pénétration. Je n'ai rien d'autre à dire, il n'y a jamais eu de contact.

— Lorsque Floriane a été entendue par les gendarmes, elle a notamment expliqué, qu'après chaque rapport sexuel, vous preniez une serviette pour vous essuyer. Cela vous rappelle-t-il une pratique habituelle que vous aviez ?

— Non, quand j'étais dans la chambre avec sa mère j'avais une serviette dans la chambre pour m'essuyer.

— Pourquoi dites-vous non ?!

— En principe j'allais toujours me laver. Mais, sur la table de nuit de ma compagne il y avait toujours des serviettes en éponge pour s'essuyer. »

La juge l'a mis devant ses contradictions. Elle ne laissait rien passer.

« Votre réponse est donc contradictoire, si vous avez l'habitude d'aller vous laver, vous n'avez donc pas besoin de serviettes sur la table de nuit pour vous essuyer ? Cette pratique n'étant par ailleurs, pas forcément courante. Je vous rappelle qu'elle correspond en plus à ce qu'a dénoncé Floriane ainsi qu'aux constatations puisqu'un peignoir vert et blanc a été transmis par Floriane aux enquêteurs, peignoir sur lequel votre sperme a été retrouvé.

— C'était pour mon ex-compagne, pour qu'elle puisse s'essuyer.

— Comment expliquez-vous, s'il ne s'est rien passé entre Floriane et vous, qu'elle décrive une pratique qui vous corresponde ?

— Je n'ai rien à expliquer car il n'y a jamais rien eu entre elle et moi. Et puis, elle avait l'habitude d'aller dans notre chambre pour la ranger.

— C'était Cendrillon ?

— Non, mais c'est vrai que Floriane aidait souvent sa mère à faire le ménage et aussi à ranger notre chambre. C'est comme ça qu'elle a pu trouver des serviettes avec du sperme dedans, serviette que sa mère avait pu utiliser pour s'essuyer, ou moi. Il nous arrivait de la laisser par terre, avec ma compagne. Mais moi, la plupart du temps, j'allais me laver. Pourtant, nous rangions la chambre tous les jours. Mais, il est possible qu'elle ait pu demander à sa mère à quoi servaient ces serviettes rectangulaires et d'une taille de 40 cm de long environ sur 25 cm de large.

— Pensez-vous vraiment que sa mère puisse expliquer à quoi servaient ces serviettes à sa fille de 15 ans ?

— Sa mère a toujours répondu aux questions qu'on lui posait, donc c'est tout à fait possible.

— Qu'en pensez-vous ? m'a-t-elle demandé.

— Ma mère ne nous expliquait presque rien en raison de son éducation. Je rentrais très rarement dans la chambre des parents, sauf pour passer l'aspirateur car c'était mon frère et moi qui faisions le ménage.

— Vous est-il arrivé de trouver des serviettes avec du sperme séché dans la chambre des parents lorsque vous faisiez le ménage ?

— Non, jamais. »

La juge a surpris mon beau-père en train de sourire :

« Pourquoi souriez-vous ?

— Parce qu'elle le sait très bien. Elle le voyait, notamment, après avoir repassé du linge qu'elle amenait dans la chambre.

— Voulez-vous réagir ? m'a de nouveau proposé la juge.

— Ces serviettes dont il parle, elles existaient vraiment car ma mère s'en servait quand elle se lavait au bidet, sans prendre de douche. Elles étaient rangées dans une armoire qui se trouvait dans la salle de bains, pas sur la table de nuit de ma mère. En tout cas je ne les ai jamais vues là.

— Lorsque vous avez été entendu, lui a-t-elle demandé, vous avez dit que Floriane venait régulièrement vous voir et qu'elle était venue trois ou quatre fois vous provoquer mais que vous ne vouliez pas. Le confirmez-vous ?

— Oui. C'était une fois quand on était dans le grenier, elle a essayé de me mettre la main et de m'attraper le sexe. Je suis simplement parti, je ne voulais pas rester à côté d'elle. C'est arrivé après qu'elle m'a touché la première fois. En tout cas c'est ce qui s'est passé dans le grenier et moi je suis parti.

— Avez-vous conscience de donner des réponses peu crédibles, c'est-à-dire encore une fois d'avoir été agressé sexuellement par une jeune fille de 15 ans qui n'aurait pas su retenir son envie de vous attraper le sexe lorsque vous vous croisiez ?

— C'est ce qui s'est passé.

— Vous parliez de trois ou quatre fois dans votre audition. Floriane vous a-t-elle provoquée à trois ou quatre reprises ?

— Il est possible que lors de mon audition j'ai été un peu confus, mais de ce que je me souviens c'est une ou deux fois.

— Est-il possible que vous ayez menti lors de votre audition ?

— Oui.

— Lors d'une autre audition vous avez expliqué que Floriane était jalouse. Sous-entendiez-vous qu'elle était amoureuse de vous ?

— Non, je ne pense pas qu'elle était amoureuse de moi ou du moins je ne m'en suis jamais rendu compte. Ça ne m'est pas passé par l'esprit. Oui, elle était jalouse car lorsque ses amies venaient jouer à la maison je m'amusais de temps en temps avec elles et Floriane se révoltait.

— Qu'en pensez-vous ? m'a demandé la juge.

— Je n'étais pas jalouse, c'était simplement que j'avais peur pour mes copines avec ce qu'il me faisait subir. Je ne voulais pas que mes copines viennent à la maison avec ce qui se passait et c'est pour ça que j'allais chez elles.

— S'il ne s'est rien passé entre vous, lui a-t-elle demandé, comment expliquez-vous qu'au moment des faits, Floriane se soit confiée à son amie Camille, fille de gendarme et qu'elle ait déjà raconté les faits de viols qu'elle a dénoncés par la suite ?

— Ce sont des histoires faciles à monter, je ne l'ai jamais touchée. Que voulez-vous que je dise de plus, il ne s'est rien passé. Cette fille venait souvent à la maison, elle passait même des week-ends avec nous.

— Vous rendez-vous compte que Floriane aurait été assez machiavélique et d'une grande détermination pour avoir raconté plusieurs années avant ce qu'elle allait dénoncer plusieurs années après ?

— Oui, car elle a toujours été une personne voulant

imposer son autorité et elle a toujours voulu manipuler les personnes.

— Expliquez-moi où est l'autorité quand on dénonce un viol ?

— Floriane a toujours été contre moi, elle a toujours voulu détruire ma vie avec sa mère et au début je ne la laissais pas faire tout ce qui lui plaisait.

— Vous êtes donc la victime ?

— D'un côté, je me considère ainsi mais d'un autre non.

— Dans son audition, Floriane évoque longuement de nombreux actes de pénétrations péniens sans son consentement, aussi bien dans son vagin et son anus ainsi que dans sa bouche. Ces faits s'étant déroulés chez ses grands-parents, dans votre nouvelle maison, dans un parc derrière une déchetterie, dans votre précédent lieu d'habitation, chez votre cousine en Espagne, sous la douche... Et ceci pendant plusieurs années. Continuez-vous à nier ces faits ?

— Oui, je ne l'ai jamais touchée.

— Vous en reconnaissez au moins un ?

— Oui, je reconnais que je me suis laissé toucher.

— Pour le seul fait que vous reconnaissez, avez-vous été victime d'une agression sexuelle de sa part ?

— Non, parce que ce jour-là je ne sais pas trop où j'avais la tête. J'ai consenti à ce moment-là.

— Comment expliquez-vous que, lorsque votre compagne a pris connaissance de l'audition de Floriane sur ce qu'elle décrit, elle se soit effondrée en larmes en expliquant que vous aviez exactement les mêmes pratiques qu'avec elle ?

— Comme je l'ai déjà dit, elle a dû sûrement nous voir avec sa mère avoir des rapports sexuels. Et puis, au cours de repas en famille, il nous est arrivé de parler de nos pratiques sexuelles. Si les enfants n'étaient pas très loin, ils pouvaient nous entendre. Je me souviens, notamment, d'une discussion avec la sœur de X où nous avions évoqué ce qui se faisait et ce qui ne se faisait pas. On parlait de choses que l'on faisait et qu'en réalité on ne faisait pas. En fait, c'était mon ex-compagne qui se vantait alors qu'en réalité il ne s'était rien passé.

— Vous ne répondez toujours pas à ma question. Comment expliquez-vous que Floriane puisse donner des détails qui ont conduit sa mère à s'effondrer en larmes alors qu'au départ, celle-ci refusait de croire sa propre fille ?

— Je ne sais pas.

— Puisqu'il ne s'est rien passé avec Floriane comment expliquez-vous que lors de l'expertise il ait été constaté une défloration ancienne ?

— Je ne sais pas !

— Floriane a indiqué que vous lui aviez dit un jour que vous lui feriez des enfants. Vous en souvenez-vous et comment l'expliquez-vous ?

— Moi, je n'ai jamais dit ça. Je ne peux rien expliquer. »

Il n'y avait rien à tirer de mon beau-père. Il n'avouerait pas. Mais son récit insensé avait le don d'exaspérer la juge. Elle m'a invitée à réagir, une fois de plus.

« Je ne suis ni machiavélique ni autoritaire, c'était à l'inverse lui qui avait de l'autorité sur moi. Il venait me chercher à l'école et il surveillait ce que je faisais. Pour ce qui est de me faire des enfants, ce qui s'est passé c'est que j'avais mon petit frère X dans les bras, il est passé devant moi et m'a dit : « T'inquiète, plus tard je te ferai le même ».

— Cela vous rappelle-t-il quelque chose ?

— Non, a menti mon beau-père, je n'ai rien dit comme ça. »

Près d'un an plus tard, en mai 2016, le procureur de la République rendait son réquisitoire. Mon beau-père ayant menti et beaucoup varié au cours de ses auditions, contrairement à moi, dont les témoignages étaient restés concordants et correspondaient à ce que j'avais, préalablement à l'enquête, confié à mes proches, s'appuyant par ailleurs sur les expertises médico-légales et psychologiques, le procureur a requis le renvoi de l'affaire devant la cour d'assises. Dans l'attente du procès, il demandait que mon beau-père reste sous contrôle judiciaire.

Après avoir commenté l'ensemble des témoignages, auditions et autres pièces portées au dossier, il synthétisait les trois ans d'enquête en ces termes :

« X conteste les faits de viols et d'agressions sexuelles qui lui sont reprochés et ne reconnaît qu'une atteinte sexuelle, à savoir une masturbation pratiquée selon lui à l'initiative de la victime.
Pourtant, force est de constater que M. X a, de sa garde à vue à ses interrogatoires, modifié et adapté ses déclarations en fonction des éléments soumis par les enquêteurs. Il a initialement contesté le moindre contact sexuel avant de reconnaître une atteinte sexuelle sur sa belle-fille, à l'initiative de celle-ci donc avec son consentement. Il n'a pas non plus été en mesure d'apporter des explications co-

hérentes et constantes quant à la présence de son sperme sur le peignoir conservé par Mlle X.

Ses réticences, ses variations et ses mensonges ôtent un large crédit à sa version des faits.

La partie civile a, quant à elle, relaté avec constance avoir subi des actes d'agressions et de pénétrations sexuelles depuis l'âge de 7 ans et sur une période de 9 ans. Ses souvenirs, qui évoquent notamment la douleur ressentie, sont précis quant aux actes subis, leur contexte et leurs lieux de commission.

Les déclarations de Floriane X, qui n'ont fait que s'affiner tout au long de l'instruction sans se contredire ni se transformer en substance, sont par ailleurs concordantes avec les révélations faites à l'entourage amical et familial. Hormis son frère, les confidents de la plaignante attestent tous de sa tristesse à l'évocation des faits et de sa sincérité. Il y a en outre lieu de mentionner à cet égard que la jeune fille s'est confiée à certains dès 2011, alors que les faits perduraient.

Les déclarations de la partie civile sont en outre confortées par les résultats de l'examen génito-anal qui ont mis en exergue la présence d'une défloration relativement ancienne compatible avec ses allégations.

Par ailleurs, la victime a pu se constituer des preuves, exploitées au cours de l'enquête, qui sont autant d'éléments objectifs auxquels le mis en examen n'a pu apporter de réponses claires et convaincantes, qui viennent dès lors encore appuyer ses dénonciations.

Elle a ainsi dénoncé les faits de façon précise et circonstanciée à sa mère au moyen d'une lettre en octobre 2012.

Elle a par ailleurs conservé un peignoir, utilisé par le mis en examen après un rapport sexuel.

L'exploitation de ce scellé a mis en évidence la présence de sperme, dont le profil génétique correspond à celui de X.

La crédibilité de Floriane X n'a pas non plus été mise en question par les experts, qui ont au contraire relevé un traumatisme d'ordre psychologique et un état d'emprise de son beau-père.

Floriane X, âgée de moins de quinze ans au moment des faits, a constamment affirmé que les actes de pénétrations sexuelles, vaginales, anales ou buccales, lui avaient été imposés par son beau-père, celui-ci usant de la contrainte notamment. L'absence de consentement de la victime est parfaitement caractérisée. Mlle X dénonce avoir subi, sous la contrainte, des pénétrations sexuelles régulières, en l'espèce des pénétrations digitales, sexuelles et anales ainsi que des fellations, qui ont débuté à compter du mois de novembre 2008 et cessé en octobre 2012, lorsque sa mère en a eu connaissance ; ces actes ayant été commis par X, son beau-père, dont il ne peut être contesté qu'il représente une personne d'autorité.

Il y a donc lieu de considérer que ces actes constituent le crime de viols commis par personne ayant autorité.

La partie civile a en outre révélé avoir subi, alors qu'elle était âgée de 7 ans et demi et jusqu'en 2008, en ITALIE et en FRANCE des agressions sexuelles, à savoir des caresses sur les seins, le sexe et des frottements de la part de son beau-père, dont il ne peut être contesté qu'il a autorité sur elle. Elle concédait toutefois lors de la confrontation que les faits avaient pu débuter en juin 2004 et non en 2003 ; une requalification sera dès lors requise de ce chef. Il y a donc lieu de considérer que ces faits constituent le délit d'agression sexuelle commis par personne ayant autorité.

Dès lors, une mise en accusation devant la cour d'assises du chef de viols et du délit connexe d'agressions sexuelles par personne ayant autorité sera donc requise.

[...]

Requiert qu'il plaise à Madame le juge d'instruction de rendre une ordonnance portant mise en accusation de X devant la Cour d'assises de X des chefs du crime et du délit connexe ci-dessus pour y être jugé conformément à la loi et ordonner son maintien sous contrôle judiciaire à titre de mesure de sûreté. »

Enfin ! L'enquête était close et mon agresseur allait être jugé.

Le procès s'est tenu en 2017. J'aurais voulu être soutenue par des psychologues pour m'aider à me préparer à cette épreuve, mais je n'ai pas reçu l'aide attendue. J'en ai vu plusieurs, qui déplaçaient chaque fois le sujet. Ils s'acharnaient à essayer de résoudre mes problèmes avec mon père et ma mère. L'un m'a conseillé de faire le deuil de mon père, mais mon père n'était pas décédé ! En plus, ce n'était pas pour lui que je venais ! Une autre psychologue m'a recommandé de ne plus parler à ma mère... Je ne pouvais pas entendre de tels propos ! Oui, j'avais des difficultés avec ma mère qui m'avait délaissée au pire moment de mon existence, oui elle avait beaucoup de défauts, mais je n'avais qu'une maman, je tenais à elle, et je voulais continuer à espérer qu'un jour elle me croie, me comprenne et se rapproche de moi... De mon beau-père qui m'avait torturée pendant huit ans, les psys me parlaient à peine, du procès à venir, idem... Je n'ai pas dû taper aux bonnes portes...

J'aurais pu demander un procès à huis clos car j'étais mineure au moment des faits, mais dans ces conditions, je n'aurais pas pu avoir Thomas et ses parents à mes côtés, or, je ne pouvais pas m'imaginer me retrouver à la barre seule face à l'accusé. Je ne me sentais pas capable de supporter une telle épreuve sans leur soutien. J'ai donc refusé le huis clos, et me suis retrouvée en présence de journalistes et d'un tas d'inconnus... C'était un moment particulier. J'ai déballé toute ma vie intime devant quantité de personnes, j'ai dû affronter mon bourreau, ce n'était pas une partie de plaisir. Heureusement ma belle-famille m'entourait...

Il n'y avait guère qu'elle qui était venue me soutenir d'ailleurs. Ma mère s'est portée partie civile, mais elle n'a pas porté plainte contre lui. Elle aurait pu, mais elle ne l'a pas fait pour mes frères.

Je crois que ma mère n'a véritablement saisi l'enfer que j'avais vécu qu'au moment où le verdict est tombé. Mon beau-père a pris douze ans. Je l'ai vue pâlir quand elle a entendu la peine prononcée, elle a eu des nausées, j'ai cru qu'elle allait vomir. Ça me faisait un peu bizarre de me dire qu'il avait fallu attendre tout ce temps-là pour qu'enfin, elle comprenne que j'avais toujours dit la vérité, toute la vérité, rien que la vérité ! Jusqu'au procès, elle aura eu un doute… ! Jusqu'au verdict, elle aura pensé de moi que j'étais une gamine à problèmes qui causait du tort à sa famille !

Pour ma part, je n'ai rien ressenti de particulier en entendant le verdict, mais quand il a quitté le box des accusés, direction la prison, je me suis collée au mur, au fond de la salle. Soudain, j'ai eu peur qu'il vienne m'agresser. J'étais ventousée au mur, pétrifiée. J'avais perdu mes moyens. Je me suis mise à pleurer et à trembler de tout mon corps, et j'avais l'impression que j'allais tomber dans les pommes.

Une fois le choc passé, j'aurais pu me sentir soulagée, mais ce ne fut pas le cas. J'éprouvais de la colère. Après tant d'années de souffrances et d'attente, j'étais satisfaite d'être reconnue victime, mais il n'avait pas avoué. J'aurais voulu qu'il avoue ! J'en avais besoin, je voulais entendre ses aveux, mais malgré toute la pression du procès, il n'a jamais craqué. Il s'est embrouillé, a fait semblant de ne pas comprendre le français pour gagner du temps, et quand il disait quelque chose qui le mettait en tort, il feignait de s'être trompé de mot, s'excusant de s'être mal exprimé, alors qu'il maîtrisait parfaitement le français ! Cet homme n'aura jamais changé, jamais évolué d'un pouce ! J'éprouvais aussi beaucoup de colère envers ma mère, à qui il avait fallu un temps infini avant de me croire, et envers ma famille, qui n'a fait qu'une apparition pendant le procès, le jour du verdict… Dire que certains membres de ma famille maternelle sont même allés le voir en prison après sa condamnation et m'ont tourné le dos…

Le procès m'avait tendue et avait réveillé mes traumatismes. J'ai de nouveau contacté des thérapeutes, espérant une aide. J'en ai appelé cinq un matin. Je leur ai exposé à chacun ma situation, disant que je sortais d'un procès, à l'issue duquel j'avais été reconnue victime de viol pendant huit ans. Tous ont eu la même réponse : ils n'étaient pas assez qualifiés pour mon cas. Je n'ai trouvé personne ! J'étais choquée et perdue, aucun professionnel n'a accepté de me m'aider !

Quelques jours plus tard, j'ai décidé de faire une sorte d'autothérapie : j'ai commencé à écrire. Dès que j'avais une soirée devant moi, je m'isolais, mettais le casque avec de la musique à fond la caisse dans les oreilles, et j'écrivais. Je m'adressais à un destinataire inconnu, à qui je racontais mon histoire… Il m'arrivait de pleurer… Comme je faisais petite, je pleurais en silence, seule, je ne voulais pas qu'on me voie. Mon mari a très bien compris mon besoin d'éloignement dans ces moments-là, il l'a toujours respecté. Quand il voit que je suis triste, il m'embrasse et me fait un câlin et me dit « Si tu as besoin de moi, je suis à côté ». Et il s'en va, il respecte ma bulle, il sait qu'après j'irai mieux.

Écrire m'a fait un bien fou…

Comme je le craignais, il a fait appel de sa condamnation.

Le procès de seconde instance s'est tenu en 2018.

Sa peine de douze ans d'emprisonnement a été confirmée.

Je me suis sentie vidée après ce procès. J'avais la sensation qu'on m'allégeait d'un poids, qu'on m'enlevait une grosse pierre dans le dos, mais en même temps j'ai traversé une longue période d'angoisse. J'ai passé des nuits sans pouvoir dormir et eu des reviviscences. Son image revenait me frapper, sans crier gare, je revivais des scènes du passé, soudain, je me croyais retournée dans cette chambre, dans ce lit, avec lui… Ces moments épouvantables avaient souvent lieu pendant mes rapports avec mon mari. Un jour, alors qu'il était sur moi, sa chaîne a frappé mon visage, cette chaîne que je lui avais moi-même offerte et qu'il portait tous les jours… L'espace d'un instant, j'ai cru que c'était mon violeur qui était allongé sur moi, avec sa chaîne que je prenais à chaque viol dans la figure…

Peu à peu, les reviviscences se sont espacées et atténuées…

III.

LA VIE D'APRÈS...

Mon chemin vers ma reconstruction n'est pas tout à fait terminé… Je vis avec une épée de Damoclès au-dessus de la tête… Dans quatre ans, il sort de prison ; il sortira peut-être même plus tôt à cause du jeu des remises de peine. Je sais qu'il n'aura pas évolué, que l'incarcération ne l'aura pas aidé à prendre conscience de ses actes. Il est inaccessible au sentiment de culpabilité, selon les conclusions des psychiatres qui l'avaient entendu au cours de l'instruction. Peut-être le recroiserai-je un jour, faisant le fier, me narguant… Bien que j'essaie de chasser cette idée, elle traîne toujours dans un coin de ma tête… Je n'ai pas l'esprit libre.

Malgré tout, je suis parvenue à me bâtir une vie que j'aime, et que j'ai choisie. J'ai la chance d'avoir un mari merveilleux, doux et compréhensif… Thomas m'a appris à m'affirmer, à me sortir de ma docilité passive… Grâce à lui, j'arrive (la plupart du temps…) à dire non à présent. Je ne savais pas dire non ; quand je ne voulais pas de relations sexuelles, je ne pouvais pas dire non au risque de me faire insulter et maltraiter. Grâce à mon mari, j'ai assimilé que j'avais le droit de ne pas avoir envie, et que mon mari n'avait pas à m'en tenir rigueur. Au début de notre relation, je ne lui refusais jamais un rapport, et me forçais alors qu'il ne m'obligeait pas. On ne peut pas toujours avoir envie de l'autre, il m'a fallu faire un gros travail sur moi-même, avec son appui, pour m'autoriser à me refuser à lui… Quand il sentait que je n'étais pas réceptive, il arrêtait de lui-même et me rassurait en me répétant que je n'étais pas obligée, et il ajoutait « Ce n'est pas grave ».

Mon mari a été ma thérapie. Il est mon pilier, c'est lui qui tout au long de ces années d'épreuves m'a le plus aidée et soutenue. Je lui suis éperdument reconnaissante. Je me rappelle, quand j'étais dans le tourbillon de l'enfer, que je regardais, par la fenêtre, la voie ferrée, avec l'intention de me suicider… dans ces moments, pour m'apaiser, je me disais qu'un jour mon prince viendrait et me sauverait. J'essayais de m'en persuader… C'est ce qui m'est arrivé. Mon mari est le prince qui m'a sauvée, il m'a hébergée, soutenue, écoutée, accompagnée, sans pour autant me té-moigner de la pitié, dont je n'aurais pas voulu. Ses parents m'ont traitée comme leur propre fille, eux aussi m'ont tel-lement donné… On ne peut pas survivre à un tel calvaire sans quelques mains tendues. Seul, sans réel soutien, on ne peut pas s'en sortir… Je ne veux pas savoir à quoi ressem-blerait ma vie si ces belles âmes que sont mon mari et mes beaux-parents n'avaient pas éclairé mon chemin. Ils sont prêts à tout pour me protéger, pour que je me sente bien. Serais-je même encore en vie sans eux ? Je ne sais pas… J'ai également pu compter sur Olivia, Marie, sa cousine…

Elles aussi m'ont apporté de la lumière…

En 2020, ma première fille est née, et sa petite sœur est venue au monde trois ans plus tard. Elles me poussent à me reconstruire, elles sont mon rayon de soleil ! Leurs sourires sur leur visage d'ange me comblent de bonheur et me donnent le courage de continuer à me battre, à lutter contre mes craintes et mes appréhensions… Mais ma haine est toujours présente. En tant que maman de deux petites filles, je ne comprends pas comment on peut faire de tels actes à des enfants innocents qui ont toute une vie devant eux…

Enfin, le lien que j'ai toujours voulu entretenir avec ma mère s'est noué… Je voulais avoir un lien fort avec ma maman, malgré son attitude, je ne l'aurais jamais rejetée. Au contraire ! Ce que je désirais, c'était la persuader que j'étais une bonne fille, qu'elle n'avait pas tout raté bien qu'elle ait dû jouer les rôles de mère et de père en même temps, mon père n'ayant plus donné signe de vie à partir de 2010 ; je voulais lui faire comprendre qu'elle m'avait très bien élevée, et donné des valeurs, que c'était grâce à elle que j'étais honnête et que j'ai eu la force et le courage d'avancer. Je voulais qu'elle comprenne que je méritais son amour ! J'ai dû patienter, mais je ne le regrette pas, car aujourd'hui nous sommes liées et extrêmement proches toutes les deux. Je n'ai pas voulu écouter la psychologue qui m'invitait à la repousser et à la renier ! Non ! On n'a qu'une seule maman ! J'ai effectué ce travail de pardon seule, sans l'aide de personne. Il m'a fallu du temps, mais à l'heure actuelle, je crois que c'est l'une des meilleures décisions que j'ai prises dans ma vie. Nous nous racontons tout, il n'y a plus de secrets entre nous, nous sommes complices et présentes l'une pour l'autre.

À vous qui m'avez lue, à vous qui, peut-être, avez vécu ou vivez un drame qui se rapproche du mien, qu'il s'agisse de viols, de manipulation, de violence, vous n'êtes pas seul ! Je veux vous dire et vous redire que vous devez garder espoir. J'ai été au fond du trou, j'ai fait plusieurs tentatives de suicide, mais j'ai fini par me sortir du tunnel et me créer une autre vie. Je veux vous dire de parler, de vous confier, de raconter. Peut-être que, parmi les personnes auxquelles vous vous ouvrirez, certaines ne voudront pas vous entendre et vous tourneront le dos. Persévérez… Continuez à raconter… Partagez votre peine. Des amis vous attendent sur votre chemin, gardez confiance, car à votre tour, vous rencontrerez vos anges gardiens.… Peut-être mon récit apportera-t-il une petite pierre à l'édifice de votre espoir. Je veux vous aider à garder espoir et à aller de l'avant. La vie n'est pas facile mais les épreuves donnent de la force, alors croyez en vous !

REMERCIEMENTS

Je tiens à remercier mes proches, ma belle-famille, mes amis, et les quelques personnes de ma famille avec qui j'ai réussi à renouer. Merci d'avoir cru en moi alors que beaucoup ne me croyaient pas et me tournaient le dos. Merci de m'avoir donné la force d'y arriver car sans vous, jamais je n'aurais pu. Vous m'avez tendu la main et j'ai réussi à la saisir et prendre les conseils qui m'étaient bénéfiques ! Merci à tous mes proches d'avoir évité de me prendre en pitié et préféré me donner de la force et du courage, merci de m'avoir redonné le sourire !

À toi, Maman, même si je me suis sentie seule et abandonnée, je sais que tu as fait tout ce qui était en ton pouvoir sur le moment. Nous sommes parvenues à nous retrouver, c'est l'essentiel. Comme je dis toujours, à ta place, qu'auraient fait les autres ? Qu'aurais-je fait, moi ? Avant de critiquer, il faut porter les chaussures de la personne et traverser tout ce qu'elle a traversé, alors seulement on peut la juger.

Mon mari, tu es le meilleur. Depuis maintenant bientôt onze ans, tu m'offres une vie merveilleuse avec deux petites princesses extraordinaires. Je n'aurais jamais pu rêver mieux, tu es mon prince charmant qui m'a sauvée. Malgré les réticences de certains, tu as voulu me laisser une chance et regarde où nous en sommes aujourd'hui ! Et mes deux princesses, j'espère ne pas être dure avec vous, avec ce que j'ai traversé… Je n'agirai jamais par méchanceté, mais ma crainte peut se faire ressentir par moments… Je veux vous protéger et donnerai tout pour vous, mes amours.

Mes amies et proches, merci pour tout. Sans vous, je ne sais pas où j'en serais. Vous êtes ma force. Je sais qu'à l'heure actuelle, les seules personnes qui me restent sont les vrais et les fidèles amis, je vous serai éternellement reconnaissante !

Ma belle-famille, je n'aurais jamais pu rêver mieux… Vous m'avez épaulée, soutenue depuis le début… Vous m'avez accueillie comme un membre à part entière de votre tribu. Vous êtes merveilleux, tous autant que vous êtes ! Grâce à vous, j'ai enfin une famille, je me sens aimée et ça, c'est magique !

Aux quelques personnes de ma famille à mes côtés, sachez que je vous aime. La famille, on ne la choisit pas, malheureusement. Mais vous, vous êtes les meilleurs. Malgré quelques différends, nous avons su nous retrouver. Je veux que vous sachiez que je n'ai jamais voulu détruire quoi que ce soit. Je voulais tout simplement vivre ma vie de jeune fille. Il était temps, j'avais seize ans. Merci de continuer à partager ma vie !

Murielle, merci infiniment de m'avoir aidée à rédiger mon histoire. Seule, j'en aurais été incapable. Mon passé est trop douloureux, la plaie n'est pas encore tout à fait refermée… Vous avez exaucé mon vœu. Merci !

À vous tous qui m'entourez actuellement, je veux vous dire que vous êtes de vraies personnes, avec du cœur. Merci infiniment !

TABLE

I. Huit ans de calvaire   9

II. L'affaire révélée : de l'enquête
au procès   31

III. La vie d'après…   115

Remerciements   *121*